人名から読み解くイスラーム文化

梅田修 著

大修館書店

はしがき

親は生まれて間のない愛し子の成長に、大きな夢や希望、願いを込めて名前をつける。その名前は、世代ごとの流行や事情に影響されつつも、世代を超えた言語的・歴史的・文化的環境の中で選ばれ、そのような環境が醸し出す興味深い様相を呈している。すなわち、名前はしばしば風土を反映し、その中で蓄積されてきた民族の知恵とか築かれてきた価値観を内包するものでもある。

人はまた、名前によって人として、個人として認識される。その意味で名は顔である。顔が認識されないと、ステレオタイプな理解しかされずに、感情や表情がなく、また知的思考も個性もない得体の知れない集団の一員としての姿しか認識されなくなる。その意味で「名はこころである」と言ってもよい。

愛や希望や願いの表現としての名前は、キリスト教世界やイスラーム世界では多くの場合、宗教的な理念を強く反映する。そして、宗教が目指す「来世での幸せ」、「愛」、「慈悲」、「自己犠牲」などの理念が心の平安を得るのに役立ち、社会をより良くしたいという願いとなり、いろいろな矛盾の解決に方向性やヴィジョンを与えている。

そのヴィジョンは長い歴史のなかで、聖典、伝承、伝説、詩や物語を通じて、豊かで生き生きした人物像やイメージを造り出し、それらが人びとのこころのあり様や生き方に大きな影響力を持っている。本書はこのような視点から、ムスリムの人名に内包される文化をより良く理解するための手掛かりとして書かれたものである。

そのことはまた、「長い相互的愛憎のしがらみ」に悩むムスリムとユダヤ・キリスト教徒との関係のあり様の一端を、私たち日本人がより良く理解することに資するものと考える。欧米に住み、それぞれの国で市民権や永住権を得ながら、疎外されている数多くのイスラーム系住民は、物理的な意味でも心理的な意味でも、ヨーロッパ人やアメリカ人にとって近くて遠い「内なる他者」である。本書は欧米人にとっての「内なる他者のこころ」の理解を深めようとするものであるとも言える。この理解は、多くのイスラーム諸国の戦乱や混乱を逃れる難民が、欧米に押し寄せて深刻な緊張をもたらしている今日、特に大切なことである。

混乱する中東の情勢が、日本人の生活に大きな影響を及ぼすであろうことは間違いなく、水平線彼方から立ち上る黒い雲に多くの人びとが不安を感じている。本書によって、近年様々なメディアを通じて頻繁に見聞されるようになったイスラーム人名がより生気を持って身近なものとなり、記憶に残り、世界で15億人前後ともいわれるムスリムのこころの一端をより良く理解しようとする態度が読者に生まれるとすれば、そんな嬉しいことはない。

2016年6月

梅田　修

謝　辞

本書を上梓するに当たって、多くの方々のお世話になった。

京都大学アジア・アフリカ地域研究研究科の小杉泰先生をはじめとする先生方にはいろいろと示唆に富むお教えをいただいた。

エジプトのアズハル大学出身のイマーム、モフセン・シャーキル・バイユーミー氏には、本書執筆過程を通してご助力いただいた。また、サウジアラビア出身のライアン・アル=アムーディー氏、イラン出身のナーヒード・ミールザーハリリ氏には、それぞれの国のイスラーム事情、人名事情についていろいろな情報を提供していただいた。

特に、アラビア語の南スーダンにおけるクレオール化を中心に研究されている言語学者仲尾周一郎氏には、アラビア語をはじめイスラーム社会事情について数年間にわたってご指導をいただいた上に、本書の草稿を丁寧にお読みいただき、多岐にわたるアドバイスをいただいた。

さらに大修館書店の森田三千代氏には丁寧でこころのこもった編集をしていただいた。

このほかにもお世話になった方々にこころから感謝申し上げたい。

目　次

はしがき　iii
謝辞　v
凡例　x

序章：沙漠に生きる
——アラブの風土・文化・人名——　3

命の水、癒しの水　6／イスラームにおける楽園　7／楽園の果実　8／沙漠の夜の生の輝き　9／アッラーの命に服する太陽・月・群星　10／アラジンの「満月中の満月」姫　11／豊穣の星スバルとカノープス　12／サラセンの星ターリク　14／魅惑的なガゼルの目・姿態　15／『千夜一夜物語』の語り手シャフラザード　17／沙漠の人びとが楽しんだ夜の歓談　19／アラブのジュリエット、ライラー　19／イスラームを育んだマッカ、マディーナとその周辺　22／地中海とインド洋をつなぐクライシュ族　24／隊商交易で栄えた古代都市ペトラとパルミラ　27／隊商交易都市住民のアラブ的アイデンティティ　31

第１章：姓のない文化
——アラブ人の名前の構成——　33

預言者ムハンマドのフルネーム　34／故アラファートPLO議長のフルネーム　35／父子関係を示すナサブ　38／ア

イデンティティを主張するニスバ　41／擬血縁関係を示すニスバ　42／出身地を示すニスバ　44／豊かなラカブ(あだ名・称号・敬称)　45／身体的・性格的特徴を表すラカブ　46／称号・雅号としてのラカブ、〜al-dīn　47／敬称としてのラカブ　51／名前におけるタブーと尊称クンヤ　52／息子を持って一人前　53／いろいろな用途のクンヤ　54

第2章：アッラーに仕える人間たち
――神を讃える名前の数々――　57

アッラーに絶対服従するムスリムの姿　60／神の99の美称と、僕（しもべ）としての人間の名前　61／慈悲深いアッラー　63／惜しみなく与えるアッラー　66／生きている真理と調和の光、アッラー　70／宇宙の王者アッラー　72／全知全能にして英明な審判者アッラー　78

第3章：預言者たちの系譜
――アーダムからムハンマドまで――　81

預言者の名前が持つ祝福力　83／アーダムからイーサーまで　83／預言者ムハンマドの美称　95／神に選ばれた最高の人間　97／正しく導かれ、正しく導く神の僕（しもべ）　98／神の属性に似た美称を持つ預言者ムハンマド　99／預言者ムハンマドの神秘的な名前　100／預言者ムハンマドの出自を表すニスバ　101

第４章：お家（いえ）の人びとと教友たちの群像 ――ムスリムのモデルたち―― 103

マントの出来事　104／ムハンマドの妻たち　106／預言者ムハンマドの子どもたち　113／預言者ムハンマドの孫たち：ハサンとフサイン　116／ムハンマドの叔父たち　118／サイイドとシャリーフのひろがり　121／お家の人びとに繋がるシーア派の最高指導者　123／イスラーム黎明期の指導者、正統カリフたち　125

Appendix 133

Appendix Ⅰ：イスラーム人名を紐解く基礎アラビア語　134

１．アラビア語の基本中の基本　134

神に選ばれたアラビア語　134／アラビア語の文字・発音とラテン文字転写　135／定冠詞 al の表記と発音（太陽文字と月文字）　139／イダーファ構造「A の B」　140

２．語根から作られる単語　140

アラビア語の語形成で読み解く人名　140／形容詞形とその変化形　142／動詞の活用とその変化形　144／強調形（大いに～する者と何回も～する者）　147

３．女性名の作り方　149

女性名（詞）の特徴　149／複数形の女性名　152

４．愛称や呼びかけ　154

アラビア語で名前を呼ぶ　154／愛称形のさまざま　154

Appendix Ⅱ：神の美称 99　157

Appendix Ⅲ：イスラームにおける預言者の系譜　161

凡　例

1．本書で取り上げた人名は原則として現地・原語主義に基づいている。
2．本書では基本的にアラビア語人名をラテン文字・カタカナにより転写している。
3．アラビア語には大文字・小文字の区別はないが、学術的慣習に従って固有名詞の頭文字は大文字で表記している。
4．名前は基本的には主格形で表すが、多くの場合格変化語尾は省略した。
5．アラビア語のラテン文字転写については、原則的にアメリカ図書館協会・議会図書館（ALA-LC）方式を基本としている〈Appendix Ⅰ参照〉。ただし、ター・マルブータは表記せず、アリフ・マスクーラは単に ā と表記した。英語ではそれらの符号をつけないのが一般的である。
6．なお、アラビア語人名は英語やフランス語などにおいて慣習的表記がとられることが多い。こういった慣習的表記においては、英語やフランス語に存在しない音が略記され、さらに口語アラビア語的な発音が反映される、などの特徴がある。例えば、Muḥammad（ムハンマド）が Mohamed、Maḥmūd（マフムード）が Mahmood、Ḥasan が Hassan などと綴られることがある。
7．カタカナ転写においては、名前として独立する単位（クンヤ、イスム、ニスバ、ラカブ）の間には・（中黒）を使い、個々の名前の一部をなしている単位（al、ʿAbd、ibn、Abū など）の間には=（イコール記号）を使った。ただし、複合名の場合は各名前の間に・（中黒）をつけた。

例：Abū Bakr（アブー=バクル）
　Ṣalāḥ al-dīn Yūsuf ibn Ayyūb
　（サラーフ=ッ=ディーン・ユースフ・イブン=アイユーブ）
　Muḥammad ʿAbd al-Raḥmān
　（ムハンマド・アブドゥ=ッ=ラフマーン）

8．ラテン文字転写では、太陽文字による定冠詞の同化〈Appendix Ⅰ参照〉は表現されないが、カタカナ表記においてはこれを表現した。

例：Nur al-din（ヌール=ッ=ディーン）

人名から読み解くイスラーム文化

序章

沙漠に生きる

——アラブの風土・文化・人名——

ラクダに乗るベドウィン
(Dmitri Markine, CC BY 3.0)

アラビア半島には航行可能な川はない。時折大雨が降ると洪水となって流れるとき以外は乾燥した水無川（ワーディー）があるだけである。植生が少ない沙漠では、大雨が降った後にはワーディーを流れる奔流に溺れる旅行者も出ることがある。水が引いてしばらくすると新鮮な緑に覆われ、遊牧の地となる。人も動物も水がある程度確保できるそのようなワーディーつたいに移動し、それらのワーディーの何本かが隊商や巡礼の通り道となった。今日のサウジアラビアの都リヤドは、高原沙漠気候の内陸部ナジュド地方のオアシス都市で、元来そのような隊商路の交差点であった。

遊牧民はそんなワーディーの遊牧地で動物を繁殖させ、乳製品を作り、雨期が終わると大きなオアシスがある都会の近くに寄留してキャンプ生活をする。その間、都会の住人に肉や乳製品、皮革などを供給し、穀物そのほかの必需物資を購入するのである。「ベドウィン」とは本来、アラビア半島でそのような遊牧生活をしていた人びとを指す。「アラブ人」とはベドウィンのことであった。

沙漠での生活は常に渇きとの戦いである。気温が摂氏45度から50度を超える酷熱の乾燥期には、旅人は太陽がギラギラと照りつける日中を避けて夜に移動し、月や星を頼りにオアシスからオアシスへ、井戸から井戸へと渡り歩きながら命をつないできた。雨量が少ない年などには水場や遊牧地の獲得競争は生死を賭けた戦いにもなった。そのような厳しい環境にあって略奪行為は重要な生業（なりわい）であり、部族同士の戦いが頻繁に起こった。勝者があれば血の報復があり、その連鎖は際限なく続いた。イスラームは、部族の論理を超えた連携を模索するなかで生まれた宗教という一面があり、生存のための智慧であり、先見であるとも言える。

それは、唯一神（Allāh：アッラー）を信じる者たちを「同胞」

と考え、その同胞による共同体を部族共同体の上に位置づけることによって平和を保とうとするものである。ムスリム（イスラーム教徒）にとって大切な５つの信仰行為である信仰告白、礼拝、喜捨（ザカート）、断食、巡礼などは、すべて外に見える行為であり、宗教的戒律であるとともに、宗教共同体のへの所属のしるしとしての側面が強い。ザカートは、神から預かっている財産の一部を神に返すという意味を持つ。伝統的に、共同体の貧者救済に使われるべきもので、所有財産の2.5パーセントが一般的である。５つの信仰行為には含まれないが、多くのムスリム（男性イスラーム教徒）が着用する独特な帽子ターキーヤや、ムスリマ（女性イスラーム教徒）が着用するヒジャーブと呼ばれるスカーフのようなものもさらにはっきりと外に見える信仰行為であると言える。

苦難を克服するまたひとつの智慧は、助け合いの精神であり、生活を楽しむための「娯楽」の精神である。アラブ世界には「客人歓待」の精神が古くからある。また客人を楽しませ、自分たちも楽しむという伝統が息づいている。テントの前の集まりで、いろいろな情報を交換し、いろいろなおもしろい話を語るというのも沙漠に生きる人びとの文化である。そんな伝統の一端はエキゾチックに脚色された形ではあるが『千夜一夜物語』に垣間見ることができる。

イスラーム人名、すなわちアラビア語の人名には、こうした沙漠世界における「水」や「緑」への渇望、それらを理想化した「楽園」への憧れ、はたまた沙漠にこそ訪れる夜空の美しさやその下で営まれるフォークロアの世界が反映されている。イスラームの郷土たる中東沙漠の世界とはいったいどのようなものだろうか。そして、それがどのような人名に見出されるのであろうか。

命の水、癒しの水

アラブ諸国やアナトリア、イランなどの夏は、大部分の地域で空気がカラカラに乾燥している。その暑さと乾燥は過酷である。サウジアラビアの首都リヤドへ頻繁に商売で出かけた筆者の近しい知人は、「アラビア半島に入って2、3日もすると唇がパリパリになり、ひび割れし出す」と言った。また、「植生が極端に少ない沙漠では、緑の量が貧富の指標になる」とも語った。

ジャーナリストであり文学者でもあるアミーン・マアルーフはその著書『アラブが見た十字軍』において、アナトリアに入った十字軍の一団が、攻略した城に入ったところを敵に包囲され、渇きに苦しむ様子を次のように語っている。「包囲された側に地獄の苦しみが始まった。しまいには愛馬の血や自分の尿を飲むまでになり、雨のしずくを求めて、気が狂ったように十月の初めの空を仰ぐ姿が見られたがどうにもならぬ。」（牟田口義郎・新川雅子訳）。

筆者は、イラン高原やアトラス山脈の南の沙漠地帯で、カナートと呼ばれる地下水路を見た。地下水路は貴重な水の蒸発を防ぐための工夫であり、20メートルほどの間隔に井戸を掘り、井戸と井戸とを地下で結んで山麓のオアシスから水を引くものである。その水路の長いものは50キロメートルにも及ぶ。沙漠でも特に砂地での井戸は崩れやすい。カナートの掘削や保全は、命がけの営々とした努力によってのみ為しうるものである。

このように雨が極端に少ない地域では、少しの湿り気でも、この上ない恵みであるとともに癒しであり、水に関係する言葉が人名として好まれる傾向がある。例えば、Dharr（ザッル：パラパラと降る雨）は男性名、'Anān（アナーン：雲）は男性名・女性名として使われている。Nādiya（ナーディヤ：露でしめった）、

Nahla（ナフラ：水のひと飲み）、Dīma（ディーマ：続き雨）などは女性の名前である。Dīma は雷も稲光もなく降り続く雨のことで、カラカラの沙漠に湿り気をもたらす特にうれしい雨のことである。雨は人びとが求めてやまない神（アッラー）の祝福（バラカ）の典型的な表れであると考えられている。Ghayth（ガイス）は神の恵みとしての雨、すなわち、「慈雨」を意味する男性名である。

イスラームにおける楽園

アラビア語では楽園のことをジャンナ（janna）と言う。その楽園には人が望むものはすべてあり、誰も想像できないほど素晴らしい理想郷である。その楽園は、イスラームの聖典クルアーン（コーラン）では「川が下を流れる楽園」（Q2：25）とあり、さらに楽園には「腐ることのない水を湛（たた）える川、味の変わることのない乳（ちち）の川、飲む者に快い（美（うま））酒（ざけ）の川、純良な蜜の川がある。」（Q47：15）などと書かれている。

この様に楽園の素晴らしさは、「川」（アラビア語 ghadīr：ガディールや jaʻfar：ジャアファル）のイメージで描かれていることが多い。女性名 Ghadīr は「水たまり、小川」を、男性名 Jaʻfar は一般の「川」を意味し、いずれもアラビア半島に特徴的な泉や小川などオアシスを意味するものである。

ジャアファル（Jaʻfar ibn Abū Ṭālib、629 年没）は第 4 代正統カリフ、アリー（ʻAlī、在位 656-661）の兄弟の名としてよく知られている。ジャアファルはヨルダン川河畔で行われたビザンツ帝国との戦いで、イスラーム軍旗を掲げて「楽園」（janna!）と叫びながら英雄的な死に方をしたとされる。Janna（ジャンナ）やその複数形 Jannāt（ジャンナート）は女性名である。

アラビア語 janna は地上の「庭」を意味する言葉でもある。この言葉は、酷熱の沙漠という敵意のある環境の中で、周囲を囲い、オアシスの水を引き込んで流れを作り、樹木で日陰を作り、小鳥の声を聞き、果実を実らせることが、アラブ人の最も強いあこがれであることを示している。草木が乏しい沙漠地帯では緑はこの上ない憩いをもたらすものである。伝統的に若い男女が待ち合わせの場所にするのが水の流れと緑がある所である。

「緑」を意味する名前 Khaḍir（ハディル）や同根の Akhḍar（アフダル）は、カナン地方における豊穣伝説の「緑の男」（al-Khiḍr〔アル=ヒドゥル〕、al-Khaḍir〔アル=ハディル〕）と結びつく。アル=ヒドゥルが行くところはどこも緑でいっぱいになるとされている。それがクルアーンにおける神秘的な人物ヒドゥルとなり〈p. 91 参照〉、ムスリムには人気のある名前となっている。神を愛し、神を畏れる敬虔なムスリムが行く楽園も一面の緑である。その楽園においては人びとも美しい緑の絹衣をまとっている（Q18：31）。その緑は神聖な色として、モロッコ、パキスタン、サウジアラビアなど、多くのイスラーム諸国の国旗に使われている。

楽園の果実

ムスリムたちは、楽園に至るために、クルアーンやハディース（ムハンマド言行録）という聖典に基づいて作られた「イスラーム法」を遵守しなければならない。このイスラーム法はアラビア語でシャリーア（sharīʿa）と呼ばれるが、その原義は、「水場に至る道」である。シャリーアは、厳しい風土のなかで共同体が生き残るために長い歴史を経て蓄積されて来た智慧としての「行動規範」とも言えるものである。

そしてシャリーアを順守し、善行を重ねてきた者が摘み取ることが出来る「楽園の果実」のことをjanā（ジャナー）と言い、この語は女性名Janāとして使われている。その果実とはブドウ、ナツメヤシ、ザクロなどである。ナツメヤシは、アラブ地域やイランなどの熱帯沙漠地帯では一番一般的な樹で、祝福された樹である。クルアーンでは、イーサー(イエス）は枯れたナツメヤシの根元で生れたことになっている。出産後、強い渇きと空腹を覚えたマルヤムがすがった椰子の根元から水がわき、その椰子の樹をゆすると、樹には葉が生え、ナツメヤシの実が落ちて来た(Q19：24-25)。

沙漠の夜の生の輝き

アラビアの沙漠では、太陽よりも、どちらかと言えば月や星に対する思いの方が強い。太陽が沈んで涼しくなる時に現れる月や星は様々な活動を蘇らせる。隊商は夜に出発することが多く、月明かりと星を頼りに旅をした。月は規則的な満ち欠けを繰り返し、日時を測る明確な目安となった。星は方向を定めるのに最も有益であった。和辻哲郎はその著書『風土』において、沙漠における星に対する感覚を次のように記している。

> 地上の物の形を覆いかくす沙漠の夜の闇さえも死のごとき不気味さを含んでいる。(その闇に比べて空の星のみが実ににぎやかな、生々とした印象を与えることは、沙漠の夜の第一の特徴であろう。極度に乾燥せる空気が星の光りをあざやかに輝かせるばかりでなく、大小無数の星の小止みなき瞬きは、互いに響き合いつつ刻々として移って行き、あたかも壮大な交響楽を聞いているような印象を与える。このように溌

刺とした、動いている蒼い空は、実際沙漠の死から我々の生を救い取るのである。)

平均すると年間の70パーセント以上が晴天であり、酷熱乾燥の夏の沙漠は、夜になると放射冷却によって快適な摂氏20度ほどになる。沙漠地域に暮らす人びとが「夜は美しい」と言う時、そこには日本やヨーロッパ世界にない独特の情景が想起されるのである。エジプトには、女性の黒髪をほめるのに「あなたの髪は夜より美しい」という表現があり、イランでは澄んだ黒い瞳をほめるのに「あなたの瞳は夜のよう」という表現もある。そのことばに、沙漠地帯の人びとが、煌めく星や月光の下での澄んだ闇に、私たち日本人には通常はわからないほどの「生」と「美」を見出していることを感じ取ることができる。

アッラーの命に服する太陽・月・群星

イスラームの聖典クルアーンのあちこちに、アッラーは「太陽、月、群星を命に服せられる」というくだりがある。それは天体が神の意図によって運行するもので、イスラーム以前にエジプトをはじめ中近東で盛んだった太陽信仰や月信仰を否定するものである。クルアーンには太陽や月は神(アッラー)の「印(しるし)」のひとつであり、それらにひれ伏してはならない。人がひれ伏すべきはそれらを造られた神である(Q41:37)、と記されている。

エジプト人やイラン人が「夜は美しい」と言う場合はこのようなことが含意されていると考えることができる。アラビア語では、この神のしるしのことをāya(アーヤ)という。この語はクルアーンにおける「節」(「章」の下位区分)を指すこともある。つまり、クルアーンの節1つ1つが「神のしるし」であり、「奇

トルコ共和国の国旗が掲げられたイスタンブルのアヤ・ソフィア
（筆者撮影）

跡」である、とされている訳である。なお、この語は女性名Āyaとしても使われる。

預言者ムハンマドの言行録（ハディース）に「天国に入る先頭の人々は満月のように美しい姿で現れ、それに続く人々は空で一番輝く星のよう」（ブハーリー編、牧野信也訳）とある。アラビア語では太陽はshams（シャムス）、月はqamar（カマル）、星はnajm（ナジュム）、流れ星はshihāb（シハーブ）である。そして、満月をbadr（バドゥル）、新月をhilāl（ヒラール）、群星スバル（昴）をal-thurayyā（スライヤー）と呼ぶ。次に述べるように、これらはすべて単独で個人名として使われる。

アラジンの「満月中の満月」姫

Shamsや Qamarは男性名としても使われるが、一般的には女性名である。qamar（カマル：月）は、いろいろな名前を構成する要素としても使われる。その典型的なものが男性名Qamar al-din（カマル＝ッ＝ディーン：宗教の月）〈p. 50参照〉である。「月」を使った名前は、沙漠が広がるトルコやイランにおいても同じように人気が高い。

badr（バドゥル：満月）はまた、完璧な美しさを象徴する言葉である。特に美顔を表す最高の言葉としてbadrがよく使われる。

Badrはエジプトでは男性名であることが多いが、女性名としても使われる。『千夜一夜物語』にも乙女の顔が「満月の夜の月のように美しい」などと表現されている。その複数形Budūr（ブドゥール）は強調的意味を持ち、女性名として使われる。「アラジンと魔法のランプ」で、アラジンが夢中になる絶世の美女の名前がBadr al-Budūr（バドゥル=ル=ブドゥール：満月中の満月）である。アラジンは「美女中の美女」である王女バドゥル=ル=ブドゥールを一目見るなり恋の虜になり、「魔法のランプ」をさすると現れるジン（精霊）の助けによって彼女との結婚を果たすのである。

太陰暦を採用するイスラーム諸国では限りなく細い新月（hilāl：ヒラール）は月のはじめを画するものである。同根の動詞hallaには「はじめる」という意味があり、この動詞には「よろこぶ」という意味に使われる派生形がある。ラマダーン（断食月）の終わりごろには、夜空を見上げて断食明けの祭りを指折り数える、という情景がよく見られる。

トルコやエジプトのモスクには新月章が掲げられている。この新月章を決めたのは、1453年にコンスタンティノープルを陥れ、ビザンツ帝国を征服したオスマン帝国のスルタン、メフメット2世（Mehmet Ⅱ, the Conqueror、在位1444-46、51-81）である。新月と星の組み合わせはイスラームの象徴となり、イスラーム諸国の国旗の多くに取り入れられている。Hilālは男性名として用いられるとともに、アラブ世界では社名やサッカーチーム名としてもポピュラーである。

豊穣の星スバルとカノープス

男性名Najm（ナジュム：星）やShihāb（シハーブ：流れ星）

のように一般名詞が人名として使われることも多いが、天文学揺籃の地であるアラブ地域では、より具体的な星の名前が人名として使われることもしばしばである。例えば、女性名 Thurayyā（スライヤー）は前述の通り「スバル（al-thurayyā)」のことである。スバルは雨をもたらす星とされる。

特にアラビア半島ではこの星によって雨季を知った。3月から4月中旬にかけてスバルが日の出直前に明るく輝きながら沈むころは冬と夏との境目である。この時期に砂嵐があり、雨が降ると、その年の冬小麦がよく育ち、豊作に恵まれる。この語は形容詞 tharī（豊かな）の指小形（小さい何々、可愛い何々、他愛ない何々、のような意味を持つ形）である。アラビア語動詞 thariya（豊かになる）や名詞 tharā（湿気を帯びた土壌）は同根語である。

thurayyā は文法的には女性名詞であり、Thurayyā は女性名として使われる。スペイン語の女性名に見られる Soraya（ソラヤ）はアラビア語名 Thurayyā から変化したものである。また、Thorayā（ソラヤー）や Sorayā（ソラヤー）はイランではホメイニー革命によって倒されたパフレヴィー王朝の最後の王の王妃の名として知られている。当時はこの王妃にあやかって大いに人気のある名前となった。

Thurayyā が冬小麦の成長を象徴するのに対して、Suhayl（スハイル）はエジプトでは果物の収穫時期にあたる8月の終わりに南の地平線の上に現れる星である。英語ではカノープス（Canopus）と呼ばれ、竜骨座の星で、シリウスに次いで明るい。アラブ諸国では北極星が北を知るための目印であるのに対してスハイルは南を知る目印となる。

Suhayl は男性名として、それを女性名詞化した Suhayla（スハイラ）は女性名として使われる。この語はアラビア語では「滑らかな、穏やかな、平易にする」という意味を持つ語根から作られており、このこともSuhaylやSuhaylaの人気に寄与しているものと考えられる。

サラセンの星ターリク

711年にジブラルタル海峡を渡ってイベリア半島に攻め入ったベルベル人ターリク（Ṭāriq ibn Ziyād、670-720）のṬāriqも星に関係する名前である。クルアーンの第86章はアッ=ターリク（al-Ṭāriq：夜訪れるもの章）と名づけられている。その冒頭に「天と、夜訪れるもの（al-ṭāriq）によって（誓う）。夜訪れる者が何であるかを、あなたに理解させるのは何か。（それは）きらめき輝く星。」（Q86：1-3、下線は筆者）とある。この「きらめき輝く星」とは流れ星（shihāb）のことである。夜の闇を突き抜けてやって来る流れ星は神のしるしであり、神の偉大さを示すものであると解釈されている。

19世紀中頃の歴史書に描かれたターリクの肖像画

ターリクは、電撃のごとく西ゴート王国を滅ぼし、イスラーム軍の最も傑出した将軍としてその名声を確立した。そして、中世のイスラーム世界では、ターリク伝説というべきものが生まれた。その伝説には、彼がイベリア半島に上陸した時、乗って来た船を燃やし、兵士たちに対してしたとされるスピーチが引用されている。その締めくくりでターリクは兵士たちに、「見よ、前は敵、後ろは海だ。もはや頼れるのは諸君の勇気のみ。敵はわれわれがこの地に着いたことにおののいておる。成功は近い。うろたえるとその成功を敵が直ちに奪ってしまうであろう。われが先頭に立たん。さあ、続け！」と言って兵士たちの戦意を鼓舞するのである。このスピーチの真偽はともかく、このようにイベリア半島に侵攻したイスラーム勢力は、短期間に西ゴート王国のほとんどの領域を征服した。

当時、イベリア半島は、三位一体を信条とするカトリックがアリウス派に勝利し、司祭たちが強力な権力をもって政治を牛耳っていた。イエスが神の子であることを否定し、異端とされたアリウス派の人びとや奴隷の立場にあった多数を占める人びとにとっては苦難の時代であった。そのような人びとにイスラームは支持された。そして、アッバース朝の成立にともなってコルドバを首都として後ウマイヤ朝（756-1031）が成立するのである。

魅惑的なガゼルの目・姿態

アラビア語で女性の美しさを表すのに「花のような白い額、アネモネのような紅の頬、ガゼルのような黒い瞳、ラマダーンの新月のような優美な眉、真珠のような歯、ザクロを並べたような胸」といった常套句がある。アラブ地域に特有な動植物の名前も人名としてよく使われている。

ガゼルは中東や北アフリカに多く生息する角が枝分かれしない小型のカモシカ（レイヨウ）のことである。その無駄なくしまった美しい肢体、軽快な動き、若々しい活力、黒く澄んだ目の可愛らしさなどから、しばしば恋情を掻き立てる女性の美しさを象徴する動物と考えられている。ガゼルをアラビア語で ghazāl と言う。同根の動詞 ghazila には「求愛する」「愛の営みをする」とい

エドミガゼル（Cuvier's Gazelle）

う意味がある。ghazal（ガザル）はアラブ文化圏やペルシャ文化圏で盛んな「恋愛詩」のことである。Ghazāl（ガザール）およびGhazāla（ガザーラ：雌のガゼル）ともに女性名として使われるが、エジプトでは、Ghazālは女性形Ghazālaに対応する男性形と考えられることが多く、今日では男性名としても使われ、姓としても使われることがある。

『千夜一夜物語』に、アッバース朝第５代カリフ、ハールーン・アッ=ラシード〈p. 77参照〉が木立に囲まれた池で水浴びをしている妃ズバイダを覗き見て彼女の美しさに惚れ直す話がある。その一糸まとわぬ妃の姿が「わが身も魂もとらえしはレイヨウに似し君にして」（大場正史訳）と詠われている。

Rashā（ラシャー：若いガゼル）も人気のある女性名である。Rīm（リーム）も女性名で、ねじれた２本の角を持つ白味をおびた大型のカモシカのことである。さらにArwā（アルワー：雌シロイワヤギ）も女性の名前として使われている。この名はまた、「優雅さ」、「美しさ」を意味する名前でもある。

エジプトで人気のある女性名Mahā（マハー）はアラビア語mahā（野生のウシ、雌ウシの目）が語源である。アラブ地域ではウシ科の動物の目は女性の優しい目の典型とされ、大きく、神秘的で魅惑的な女性の目を象徴する。この語は女性の美しさを表す比喩的表現によく用いられる。スペイン語のちょっと上から目線の俗語にmaja（マハ：小粋な女、別嬪）がある。この語の語源はさだかではないとされる。しかし、アラビア語mahāの影響を受けた可能性を想像するとおもしろい。

ゴヤ（Francisco Goya、1746-1828）の有名な作品〈La maja

着衣のマハ（フランシスコ・ゴヤ作、プラド美術館所蔵）

desnuda：裸のマハ〉や〈La maja vestida：着衣のマハ〉は、「裸の美女」とか「着衣の美女」とも訳せるものである。これらの名画を「裸の伊達女」「着衣の伊達女」、「裸の小粋な女」「着衣の小粋な女」などと訳した例がある。

この「マハ」は、また、「ジプシーの女」とか「ヴィーナス」とも呼ばれた。「着衣のマハ」の身体の線が露わで透けるように白い絹の衣装をまとい、高価そうな金糸の飾りのあるボレロをはおり、同じく金糸の腕飾りをした姿は、まさに「ヴィーナス」である。彼女の誘うようなポーズや黒い瞳にはやはり、『千夜一夜物語』に描かれたレイヨウの魅力がある。ここまで堂々と「女性」を見せつけられると、当時の「紳士」たちは、表向きは少し眉をひそめながら、その抗しがたい魅力にあたふたとしてしまったに違いない。

『千夜一夜物語』の語り手シャフラザード

ペルシャ語名 Shahrzād（シャフルザード：都市生まれの女性・都の贈り物）は『千夜一夜物語』の語り手として設定された女性

の名前である。アラビア語では一般にShahrazād（シャフラザード）として受け入れられている。彼女は、サーサーン朝ペルシャ(226-651）の、伝説上の王シャフリヤール（Shahriyār：都の友）に仕えた大臣の娘である。同王は最愛の妃に裏切られたことから女性不信に陥り、毎夜処女と臥所を共にしてはその女性を殺した。そしてしまいには同国ではもはや王に侍るのにふさわしい処女を探すのが難しくなった。そのことに悩む大臣の娘シャフルザードは一計を心に、親の反対を押し切って王のところに赴く。

シャフルザードは、非常に多くの書物を読んだ教養豊かで聡明な女性である。彼女の一計とは、世界のおもしろい話を王に語り、その話に王が興味を示すと、翌晩もおもしろい話を語ることで延命を図るというものであった。シャフルザードの計画は成功し、彼女の話が夜な夜な続くことになった。

その間に次第にシャフルザードを心から愛するようになった王は、自分の犯した罪を悔い、彼女と結婚することになる。シャフリヤール王は、シャフルザードとの間に１人とも３人ともされる男児をなした。王はシャフルザードのことを、「清らか」「利発」「才媛」「品性高尚」「清浄無垢」などと褒め言葉を駆使して賞賛している。

アラビア語名Shahrazādは西欧では一般にSheherazade（シェヘラザード）として知られ、彼女を題材にした音楽やバレエなどがある。なかでもロシアの作曲家リムスキー・コルサコフ（1844-1908）の交響組曲は有名である。この作品は伊藤みどりや浅田真央などがフィギュア・スケーティングの曲に使ったことでも私たちにも馴染み深い。

沙漠の人びとが楽しんだ夜の歓談

アラビアでは炎熱の太陽が沈み過ごしやすくなった夜になるとテントの前で人びとが歓談するという風習があった。そのような集まりをサマル（samar）と呼ぶ。この言葉には「夜、夜の会話、歓談」という意味があり、有力者のテントの前では近所の人たちだけではなく、旅人や、詩人、楽師、講釈師などが集まった。その集まりの中心には火が焚かれていて、その火は「もてなしの火」と呼ばれた。このような風習が男性名 Samīr（サミール：夜の歓談の相手）や女性名 Samīra（サミーラ）の人気の理由である。

これと同根のアラビア語に samra（アカシア）がある。アカシアは沙漠に生える典型的な灌木であり、傘のように広がったその樹の陰は遊牧民や旅人が涼をとる恰好の場所である。テントもアカシアの木陰に張ることが多い。このアカシアを意味する Samra（サムラ）は男性名である。

アラブ地域では古来このようなサマルの場で、一種のギターに似た弦楽器ラバーバ（rabāba、rabāb〔ラバーブ〕）などに合わせて詩を吟じたり、物語を語ったりした。ラバーバはアラブの楽器の代表格である。美しい音を奏でるこの楽器は、美しく快い女性のイメージと重なるもので、Rabāb（ラバーブ）や Rabāba（ラバーバ）は女性名である。

アラブのジュリエット、ライラー

夜の歓談で最も人気のあった話のひとつに「ライラーとマジュヌーン」がある。この話は、元はアラブ地域で流布していた民話であった。それを Nezāmī（ネザーミー）というペンネームで知られるペルシャの代表的な詩人 Jamāl al-dīn Abū Muḥammad Ilyās ibn Yūsuf ibn Zakkī（1141?-1209?）が叙情性豊かな物語に仕上げ、イスラーム圏全域に知られるようになった。

ライラーはベドウィンの部族長の美しい娘であり、マジュヌーン（Majnūn：狂人——本名カイス〔Qays：堅固な、力強い〕）は、同じベドウィンの部族長の息子である。ライラーとカイスは有名な先生の下で勉強する学生として出会った。共に優秀だった２人は相愛の仲となった。そして自分たちの愛に夢中になるあまりに、互いにほかのものは何も見えなくなり、周囲の嫉妬をかうようになる。間もなく２人は、世間体を気にする双方の親たちによって引き離されてしまう。

カイスは会えないライラーに恋焦がれるうちに狂人のようにさ迷い歩くようになる。家族の者や友人たちがライラーをあきらめて正気に返るようにと説得するが、純粋にライラーを愛するカイスは聞く耳を持たない。カイスは世捨て人のように人里はなれた沙漠の山中でライラーへの気持ちを深め、それを詩にして詠いながら生活をする。沙漠という世間も虚飾もない環境で詠われるその詩は高度に純化され、いつしか広く伝わり、多くの人びとを感動させ、仙人のような生活をするカイスの周りには動物たちも集まるようになった。

このように会うことが許されずに恋しあう２人の愛は、やがて高度に精神的な愛にまで深められていく。物語の最後を作者は次のよう詩で締めくくっている。

この墓に二人の恋人たちは横たわり、待っている
地下の暗い子宮からの復活を
別れていても信じあい、愛において変わることなき
彼らを天国で一つのテントが包むであろう。

ライラーとマジュヌーンの物語はしばしばシェイクスピアの『ロミオとジュリエット』に例えられ、七夕によく語られる彦星と織姫の話にも通じるものがある。この美しくも悲しい恋物語のゆえに、女性名 Laylā（ライラー）はイスラーム圏では非常に人気のあるものとなり、現在でもその人気を保っている。

Laylā の語源については、アラビア語 layla（夜）や同族言語のヘブライ語 laylā（夜）と同根であるという説が有力である。このことから、この名前は特に黒髪や黒い瞳などの美しさ、つまり黒く澄んだ瞳に黒い髪の美しい女性を想起させる名前である。umm laylā（ウンム=ライラー）は「赤ワイン」のことであるが、文字通りには「黒ワイン」という意味である。この物語のインパクトが強いため、イランでは Laylā のペルシャ語形 Leylā（レイラー）や Leylī（レイリー）はロマンティックな名前というイメージがより強い。またペルシャ語の普通名詞としての leylī が「夜」と結びつけられる一方、leylā は、「黒ワイン（赤ワイン）の香り」と結びつけられることが多い。

イランの国民詩人ハーフィズ（Ḥāfiẓ、1325?-1389?）は、神秘主義的傾向の強い詩人で、ガザル（ghazal：抒情詩）の第一人者である。彼は酒が「禁断の水」だと知りながら、その酔いの心地よさは、恋人と話している気持ちに似たものと詠っている。さらに、神と直接対話する時に感じる心地さに似たものであると詠って、美女と酒による陶酔を謳歌している。それは都会的で、「抒情詩」と言うより「官能詩」とも言えるものである。そのようなハーフィズの詩ではワインは「命の水」であると言える。

男性名 Qays は「力」とか「強さ」を意味する名前である。この名を使った言葉に umm al-qays（ウンム=ル=カイス：エジプトハゲワシ）がある。エジプトハゲワシが、Qays の意味する「力強さ」を象徴する猛鳥であることを示している。

エジプトハゲワシ（Kousik Nandy, CC BY-SA 3.0）

カイス（Qays）家は、アサド（Asad）家やキナーナ（Kināna）家などと共に、ヒジャーズ山脈の内陸側のナジュド高原のキンダ王国（425-528）で勢力を持った部族の名前として使われていた伝統的な名前である。この部族名を持つ人物としては、6世紀に活躍し、アラブの詩の父と呼ばれるようになったイムル・ル=カイス（Imru' al-Qays、540年没）がいる。この名の意味は「カイス族の男」である。以後、Qaysは詩人の代名詞となった。

イスラームを育んだマッカ、マディーナとその周辺

アラビア半島は紅海沿いに、ところによっては2千メートル近くの山々が連なり、最高2千百メートルに達するヒジャーズ山がある。ヒジャーズ（al-Ḥijāz）の原義は「障壁」とか「障害物」である。この連山の紅海側は平野部が狭く、山腹には点々とオアシスがあり、オアシスの周りに都市や集落があった。その1つから発展したオアシス都市が、岩山の谷（ワーディー：涸れ川）にあるマッカ（Makka）である。西欧での通称メッカ（Mecca）で呼ばれていたが、今日では現地原語主義にもとづいてマッカと呼ばれることが多い。

マッカは、アデン湾からシナイ半島に至る紅海のほぼ中間点に位置する港町ジッダから内陸に70キロあまり入った、隊商ルートの幹線沿いにある。ヒジャーズ山脈の紅海側にあり、標高は3百メートルほどである。内陸側には千メートルを超える山々が連なり、千6百メートルから2千メートルほどの山々もある。

マッカの南東からイエメンにかけてはさらに高い山々が続き、イエメン国境にかけて最高３千メートルに達するアスィール山脈がある。

イエメンからは、そのアスィール山脈やヒジャーズ山脈の大小のオアシスや井戸をつなぐように北上し、マディーナを経てアカバに至り、そこからガザやダマスカスに向かう隊商の幹線ルートがあった。マッカやマディーナからは、また、アラビア半島を横断してペルシャ湾岸地方に向かう隊商ルートが開けていた。イスラーム誕生以前のマッカは、多数の偶像神を祭る宗教上の中心地でもあった。

上空から見た今日のマッカ（CC0 1.0）

マッカは酷熱の地である。しかし、時には洪水を起こすぐらいの雨が降ることもあり、それなりに水量のあるオアシスがあった。マッカに時おり洪水があったことは預言者ムハンマドの伝承にもあり、時にはイスラームの聖地であるカアバ神殿が洪水で水浸することもあった。

しかし、水量的にも岩の多い地質からもマッカ周辺は耕作には適さなかった。ただ、冬の雨で草が生え、ヒツジ、ヤギ、ラクダなどの牧畜ができた。預言者ムハンマドも少年時代に羊飼いをしていたとされる。マッカの人びとは隊商との交易で生計を立てていたが、次第に中継貿易に活路を求めるようになった。このように比較的大きなオアシス定住社会であり、巡礼や遊牧民との関わりが盛んで、隊商が行きかうコスモポリタンな都市マッカにおいてイスラームが生まれるのである。

マディーナ（Madīna）は、マッカから北西約350キロのところにある緑豊かな大きなオアシスの都市である。周囲はほぼ三方が海抜６百メートルほどの火山性の山に囲まれて防衛にも好都合であった。盆地のようになった平地にはナツメヤシの農場が広がっており、小麦、大麦、ブドウなども栽培していた。交易都市でもあり、いろいろな人びとが行き来し、ユダヤ人、キリスト教徒やイエメンの人びとなども住んでいた。

一方、マッカから百キロほど南東のターイフ（Ṭāi'f）は標高千８百メートルのオアシスに開けた町で、マッカの富裕な人たちが夏の酷暑を避けて住む別荘地であった。第３代正統カリフ、ウスマーン（'Uthmān）はターイフで生まれた。

地中海とインド洋をつなぐクライシュ族

預言者ムハンマドは、マッカを牛耳る大部族クライシュ族出身である。クライシュ族はムハンマドの時代にはインド洋から地中海に至る地域や、さらに東アフリカとの交易で有力な商人となり、マッカを支配していた。マッカの人口は１万ほどだったと考えられている。

アラビア半島近辺ではモンスーンが顕著で、４月から10月にかけては南西風が吹き、時には激しく荒れる。11月から３月までは穏やかで乾燥した北東風が吹く。３月から４月にかけてと、

10月後半から11月にかけては風の変わり目である。

春の気候の変わり目にはしばしば砂嵐を起こす突風が吹く。砂嵐の後には夕立のような雨が降ることが多い。アラビア半島からインドへの出航シーズンは南西の季節風が安定する8月で、インドからアラビア半島への出航は北東風が安定的に吹く1月である。インド洋横断には1カ月前後かかった。

マッカの商人たちは冬には南のイエメンへ、夏には地中海に面するシリアへ特に大きな隊商を送った。冬にイエメンへ出かけるのは、冬の季節風や海流を利用してインドなど東方からイエメンへ商品が届いたからである。シリアは、ヘレニズム文化が栄え、キリスト教を育んだ地域である。

クルアーンの106章「クライシュ族章」にも「クライシュ族の保護のため、冬と夏のかれらの隊商の保護のため、(その**アッラー**の御恵みのためにかれらに、この聖殿の主に仕えさせよ)」(Q106：1-3) とある。啓示としてのクルアーンにこのように記されているということは、隊商貿易が、神の大いなる賜物としての活動であると考えられていたことを示している。そのようなクライシュ族にとっては公正な商売のルールの確立は何よりも大切なことであった。クルアーンには、また、高利の禁止とか目方のごまかし (Q83：1-3) とかに対する罰など、正しい商売の仕方があちこちに書かれている。

スムーズな交易には共通の媒介言語と似通った倫理観が必須である。アラビア語とイスラームという「マニュアル」(『現代イスラーム金融論』長岡慎介著) が、ムスリム商人たちが陸のシルクロードや海のシルクロードを往来して、一大商業ネットワークを築く基となるのである。すなわち、クルアーンにある商売の仕方はイスラーム法の重要な部分を占めるようになり、そのイスラーム法はやがて「国際法」的な意味を持つようになっていく。

クライシュ族が地中海とイエメンとの貿易の中継を支配するようになるのに大きな役割を果たしたのが預言者ムハンマドの曽祖父ハーシム（Hāshim）であるとされる。彼は、シリアではローマ帝国（ビザンツ）と交渉して市場を確保し、シリアからマディーナ、マッカを経てアデンに至る隊商ルートの有力諸部族と契約を結んで通行の安全とラクダ、水、食糧などの補給と宿を確保した。

預言者ムハンマドの曽祖父ハーシムの本名はアムル（ʿAmr al-ʿUlā ibn ʿAbd Manāf）で、Hāshim は実はラカブ、すなわちニックネームである。この語は「パンを割って人びとに分ける者」を意味すると解釈されている。

この背景には次のような話がある。マッカに飢饉が起こった時、彼はシリアに行って食料を買いつけ、マッカに帰るとラクダを殺したり、パンを割って人びとに分け与えたりして飢えから救ったというものである。このように伝えられるハーシム像は、アラブ人の理想的部族長の姿である。同根の名前に Hishām（ヒシャーム）があるが、この名は「寛大な」という意味を持つ。

イスラームには、２つの大きな祭り、すなわちラマダーン明けに行われるイードゥ・ル=フィトゥル（ʿīd·al-faṭl：断食明け祭）と、巡礼が最高潮に達するイスラーム暦 12 月 10 日に行われるイードゥ・ル=アドゥハー（ʿīd·al-ʿaḍḥā：犠牲祭）がある。巡礼（ḥajj：ハッジュ）はカアバ神殿を建てたイブラーヒームとイスマーイールが始めた儀礼であるとされ、犠牲祭はイブラーヒームがわが子イスマーイールを神に犠牲として捧げる決意をした信仰の堅固さに思いをいたすための祭りである。これに対して断食明け祭はハーシムの逸話にちなむもので、この祝祭には肉と野菜の煮込みに乾燥パンを割って入れたサリード（al-tharīd）という伝統料理を食べるのが慣わしである。

ハーシム家についてはのちに詳しく紹介したい。

隊商交易で栄えた古代都市ペトラとパルミラ

マッカのほか、アラビアの隊商交易の中継地として栄えた都市と知られるものに、アカバと死海の中間点に位置するペトラ（Petra）やシリア砂漠のワーディーにあるパルミラ（Palmyra）がある。いずれもベドウィンが築いた隊商の中継交易都市である。ペトラもパルミラも、近年ユネスコの世界遺産に指定され多くの観光客を集めてきた。しかし、パルミラに関しては最近「イスラーム国」を称する過激派によって占拠され、彼らによってその一部が破壊された。

ペトラの遺跡群の１つで、小ペトラと称される遺跡は、荷物を積んだラクダ２頭が通れるぐらいの岩の切れ目の奥に開けたところである。その周囲の山肌には大小の部屋が掘られ、その大きなものにはギリシャ・ローマ風のファサードを持つものがある。それら大小の部屋は宿、会議室、商談場所、商品保管場所、ラウンジなどに使われたとされる。

外と内とを分ける岩の裂け目の外に、多い時には１万頭ものラクダが集まったとされ、中継基地としてのペトラが大いに賑わったことが推

小ペトラの遺跡（筆者撮影）

測できる。また、幹線上の奥まったところにあるこの遺跡が自衛に細心の注意を払ったことがわかる。ペトラ遺跡で見られる水を確保するための細心の工夫は、マッカをはじめ、ほかの多くの中継基地でも見られたに違いない。さらに、ペトラ遺跡には、ギリシャ、ローマの影響はもちろん、エジプト、ペルシャ、インド、中国などの影響を見ることが出来るものがあり、交易の広さを感じることができる。

ペトラが「岩」を意味する地名であるのに対してパルミラは英語 palm（ヤシ）と同語源である。パルミラは大きなオアシスにあり、一帯にナツメヤシが自生し、栽培もされていたことを意味する地名である。このパルミラは古くから特にペルシャと地中海を結ぶ隊商交易の重要な中継地であった。

パルミラは、アレクサンドロス大王に征服されて以来ヘレニズム文化の影響を受けるようになり、アレクサンドロス大王がバビロンで没した後は、同大王の将軍の１人が創建したセレウコス朝

パルミラの円形劇場（Jerzy Strzelecki, CC BY-SA 3.0）

の支配下に入った。セレウコス朝はその最盛期にはシリアからペルシャ全域を支配下においた大帝国であった。そのシリアはポンペイウスに征服されて以来、ローマの影響が次第に強くなり紀元２世紀にはローマの属州となった。その間パルミラはシルクロードの中継都市として大いに発展し、軍人皇帝時代にローマが次第に衰退すると、半独立的地位を獲得した。

パルミラ王国（260?-273）とは、ローマ帝国が弱体化して分裂していた時代に、シリアを中心に、一時アナトリア南東部からエジプトにかけてアラブ人が打ち立てた王国である。そのパルミラ王国の最盛期にして最後の支配者が女王ゼノビア（Zenobia）である。ゼノビアの父の名前はラテン語でJulius Aurelius Zenobiusであった。そしてこのラテン語名Zenobiusはギリシャ語名Zēnobiā（ゼーノビアー）の変化形であるとする説が有力であり、ギリシャ語Zēn-（ゼウスの）+ biā（力）が語源であるとされる。このZēnobiāがアラビア語名Zaynab（ザイナブ）として受け継がれていると考えられている。

女王ゼノビアについてはチョーサー（Geoffrey Chaucer、1343-1400）が『カンタベリー物語』の「修道僧の物語」で取り上げている。それによると、ゼノビアはペルシャの王の血を引く女性で、誰よりも気高く勇敢で、野鹿や獅子を殺し、夜通し野山を駆けまわるほど男勝りにして美しい女性である。そのゼノビアは、国の王子と幸せな結婚をし、夫が亡くなると、強力な指導力をもって王国を支配する。

しかし、その誇り高き女王もついにはローマ軍に捕らえられ、パルミラは滅亡する。その時の皇帝とは軍人皇帝ルキウス・ドミティウス・アウレリアヌス（在位270-275）である。皇帝アウレリアヌスはローマ帝国を再統一する。そして同帝国はその後、ディオクレティアヌス大帝（在位284-305）を経て、キリスト教を公認して都を今日のイスタンブル、すなわちコンスタンティノープルに移したコンスタンティヌス大帝（在位 306-337）へと続いていく。その間パルミラにはローマ帝国の軍団が駐屯する都市と変貌した。今日、ローマ式円形劇場の舞台の立派なファサードが遺跡として残っている。

ゼノビア自身、自分はカルタゴの建設者で女王であるフェニキア人ディードー（Dido）の末裔であるとか、マケドニア系エジプト王家、すなわち、プトレマイオス王家の血を引くと主張したとされる。また、ゼノビアの知力、胆力は傑出していたとされる。『ローマ帝国衰亡史』で、著者ギボン（Edward Gibon、1737-94）は、歴史書の枠をはるかに超えた思いを込めて次のように書いている。

> 「彼女自身、先祖はマケドニア系エジプト王家と称していたし、事実その美貌はかのクレオパトラにもおさおさ劣らず、貞節と勇気でははるかに上だった。最大の女傑というばかりではなく、最高の美女としてもその名は高い。肌は浅黒く（中略）歯並びは真珠のように白かったという。漆黒の大きな瞳は、ただならぬ光りを帯びて輝きながら、しかも、なんともいえぬ優しい魅力をたたえていた。声は力強く、しかも実に音楽的だった。もともと男勝りの知力の上に、それがまた学問愛によって磨かれ、いっそう逞しさを加えていた。」
> （中野好夫訳）

そんな Zaynab は今日「咲き誇る花」という意味を持つと考えられている。そして、白百合のことを「ザイナブの花」（zahra al-Zaynab）と呼ぶ。

隊商交易都市住民のアラブ的アイデンティティ

マッカ、マディーナ、ペトラ、パルミラのような隊商交易の中継地となったアラビア半島の都市は、必然的にコスモポリタンな性格を持つ。イスラームは隊商交易の都市から都市へと広まった都市の文化としての宗教である。しかし、アラビア半島では、圧倒的な沙漠的風土は、都市住民になったアラブ人のアイデンティティを根底的に変えるものではなかった。

沙漠は自分たちの故郷であり、遊牧民的な部族意識は自分たちに安定的な所属意識をもたらした。清涼感を与える夜の沙漠は都市住民にとって快適な安息の場であった。ワーディーに見られる雨期の緑は生活の糧を与えてくれる場であり、そこには短期間ではあるが、都会では見ることのできない美しさがある。その緑は楽園のイメージにも通じるものである。

さらに都会においても、イスラームの神の庇護での安寧や平和は、寛大・寛容で慈悲深い理想的部族長の庇護の下で生活が昇華したものである。堀内　勝はその著書『砂漠の文化――アラブ遊牧民の世界』の中で「後世の巡礼の一般化は、旅の慣行とも並んで、定住アラブの、遊牧的性格の再発路の時と場を提供するものでもあった」と論じている。

次章からはこのような風土のアラビア半島を郷土とするイスラーム人名の様相を具体的に見ていく。

第1章

姓のない文化

——アラブ人の名前の構成——

アラファートの巡礼者たち
(Karim Manji, CC BY-SA 3.0)

我々日本人にとってなじみのある西欧や東アジア世界では正式な名前と言えば、現代では「個人名＋姓」と相場が決まっており、姓は社会的に重要な意味を持っている。このため、簡略化されたアラブ人の名前――イブン=バットゥータ、アラファート（アラファト）、サーダート（サダト）などを見ると、それを姓だと信じて疑わないことが多い。しかし、実際にはアラブ・イスラーム人名には厳密な意味で「姓」という概念は存在しない。

ではアラブ人たちの人名には個人を弁別するためにどのような工夫がなされているのだろうか。アラブ人にフルネームを尋ねてみると、ずらずらと呪文のように長い個人名の羅列が返ってくる。これはどのように理解することができるだろうか。さらに、アラブ世界の人名として用いられる表現には、「イスム」（個人名）のほか、「ナサブ」（父称）、「ニスバ」（所属名）、「ラカブ」（称号・ニックネーム）、「クンヤ」（尊称）などがある。これらはどういう意味を持っているのだろうか。そしてそれらの背景にはどんな考え方があるのだろうか。そのようなことを知ることは、アラブ人への理解を深めるうえで大切な一歩となる。

預言者ムハンマドのフルネーム

前述の通り、アラブ・イスラーム人名には、伝統的に「姓」というものがない。例えば、預言者ムハンマドの名前はしばしば Muḥammad ibn ʿAbd Allāh ibn ʿAbd al-Muṭṭalib ibn Hāshim とされる。この ibn（イブン）～は「～の息子」という意味で、この名を訳すと、「ハーシムの息子であるアブドゥ=ル=ムッタリブの息子であるアブドゥ=ッラーの息子、ムハンマド」である。

つまり、本人の名前、父の名前、祖父の名前、そして曽祖父の名前と、ibn をつけて書き連ねたものが基本的なフルネームということになる。これはもはや男系の「系譜」というべきものである。今日でも 10 世代ぐらい前までの系譜をそらんじられる家族が多い。それぞれの個人名をイスム（ism）という。

預言者ムハンマドの家系は 11 代前までたどることができる。そしてさらに、イスマーイール（イシュマエル）、イブラーヒーム（アブラハム）を経て最初の人間であり最初の預言者であるアーダム（アダム）に至ると信じられている。実際、中世には ibn を重ねて最後にはアーダムに至る系譜を作る有力者が多く見られた。今日でもそんな例を見ることができる。以上が、アラブ・イスラーム人名の基本的な構造である。

ibn を用いた父称のことをナサブ（nasab：系譜、出身）と呼び、アラブ人の父子関係を基本とする系譜を示すのに用いられる。ただ、エジプトでは今日、曽祖父までの名前を並べてフルネームとするのが原則であり、ID カードには ibn を書かないのが規則で、他国でも ibn を省略することが多い。

次にやや複雑なタイプの人名について考える。

故アラファート PLO 議長のフルネーム

伝統ある名家の出身者である場合、所属部族名とか尊称、称号などをつけて呼ばれることが多い。個人名も複合名であることがあり、正式名を構成する要素を見分けるのが難しい。恰好の例としてパレスチナ解放機構（PLO）の議長（在任 1996-2004）として活躍した故アラファート氏の場合を見てみよう。

アラファート氏は Yāsir ʿArafāt（ヤースィル・アラファート）として知られている。しかし、同氏の本来の名前は Muḥammad ʿAbd al-Raḥmān（ibn）ʿAbd al-Raʾūf（ibn）ʿArafāt al-Qudwa al-Ḥusaynī である。この名は５つの部分からなっている。

インタビューを受けるアラファート議長（右）（1990 年）
（Roberto Braccoi, CC BY-SA 4.0）

アラファート氏のイスム、すなわち個人名は Muḥammad（ムハンマド）と ʻAbd al-Raḥmān（アブドゥ=ッ=ラフマーン）〈p. 64 参照〉との合名である。ʻAbd al-Raʼūf（アブドゥ=ッ=ラウーフ）は父の個人名、ʻArafāt（アラファート）は祖父の個人名、そして al-Qudwa（アル=クドゥワ）は曽祖父の一種のニックネーム（ラカブ）〈p. 45 参照〉にあやかった屋号というべきものである。残る al-Ḥusaynī（アル=フサイニー）は個人名ではなく、ガザの有力な部族（「フサイニ―家」）を示すものである。これは後述するニスバ〈p. 41 参照〉と呼ばれるもので、アラファート氏が所属する部族を示している。

アラファート氏の曽祖父の個人名は Muḥammad であったが、彼は商人の模範として名を馳せたことから、al-Qudwa（アル=クドゥワ：〔アッラーによく導かれた〕模範）という名誉あるあだ名（ラカブ）を得て、Muḥammad al-Qudwa と呼ばれた。アラファート氏の祖父は、曽祖父がマッカ近くのアラファートの丘に巡礼をしている時に生まれたことから ʻArafāt と名づけられたとされる。

この丘は、預言者ムハンマドが、マディーナへの聖遷につき添った特別な教友たちに最後の説教をした所である。そこはまた、別々に地上に送られたアーダムとハウワー（イヴ）が再会した場所であるともされる。今日マッカへの巡礼者はこの地を訪れて、神に自分の犯した罪を告白して許しを請うとともに、神の慈愛に感謝し、神への忠誠を再確認する慣わしになっている。そんな訳で、「アラファートの丘」は「慈愛の丘」とも呼ばれている。

これだけでも十分複雑なのだが、さらに彼の名前が、また、*Abū ʿAmmār* Muḥammad *Yāsir* ʿAbd al-Raḥmān ʿAbd al-Raʾūf ʿArafāt al-Qudwa al-Ḥusaynī とされる場合もある。ここで挿入されている、Yāsir（ヤースィル：裕福な）は、アラファート氏の若いころに、あまりにありふれていて弁別力のない名前 Muḥammad で呼ばれることを避けるために同氏が使い出した個人名である。同氏の第２個人名 ʿAbd al-Raḥmān も非常に一般的な個人名であったことから、彼は最初に戸籍に登録された Muḥammad ʿAbd al-Raḥmān（ムハンマド・アブドゥ=ル=ラフマーン）そのものを日常あまり使うことがなかった。

また、Abū ʿAmmār（アブー=アンマール）は「アンマールの父」という意味で、「クンヤ」（kunya）〈p. 52 参照〉と呼ばれる彼自身の尊称である。クンヤは、基本的には Abū ～「～の父」という形をとり、この Abū ～は息子、特に長男の名前につけられる。しかし、アラファート氏の場合、ʿAmmār という長男がいたわけではなく、このクンヤ Abū ʿAmmār は、ほかのゲリラ戦士がよくしたように、身元を隠すために使いだしたものであると考えられている。アラファート氏を継いで PLO 議長になったアッバース氏のクンヤは Abū Māzin（アブー=マーズィン：雨雲の父）であるが、このクンヤも身元を隠すために使われた「偽名」であり「通り名」（ラカブ）である。

実は、この２つの通名 Abū ʿAmmār と Yāsir は、預言者ムハンマドの教友アンマール・イブン=ヤースィル（ʿAmmār ibn Yāsir）とその父ヤースィル・イブン=アーミル（Yāsir ibn ʿĀmir）にあやかったものである。この教友は、預言者ムハンマドがイスラームを説きだすと早くから両親とともにイスラームに改宗し、マッカを脱出してマディーナに拠点を移した聖遷（ヒジュラ）の際に預言者ムハンマドと行動をともにした。ヒジュラはクライシュ族との血の繋がりを断ち切って、イスラーム宗教共同体を結成した記念すべき出来事である。

教友アンマール・イブン=ヤースィルの両親については悲しい殉教の伝承がある。彼が両親とともにムスリムに改宗すると、繰り返し迫害を受ける。母スマイヤ（Sumayya：高貴なる者）は槍で心臓を突かれて死に、父ヤースィルも虐待されて死んだ。そして両親に対する拷問を目の前にしたアンマールも、その苦しさに耐え得なくなってついに負ける。

しかし、アンマールの信仰への信念は堅固なものがあり、彼は預言者ムハンマドに泣いて詫びた。すると、啓示が下り、脅迫によって転向を口走ったとしても「心に信仰を堅持し、安心大悟している者」（Q16：106）として赦された。クルアーンにはまた「宗教には強制があってはならない。」（Q2：256）とある。今日スマイヤは最初の殉教者として記憶され、ヤースィルは２番目の殉教者として記憶されていて、彼らの名前は今日でも人気がある。

このように、アラブ・イスラーム人名は、自らの近親の家系のみならず、さらに古い出自や、先祖や自らの評判など、豊かな表現に満ちている。いわば、短い履歴書のような役割をもっているものがある。

次に、ナサブ、ニスバ、ラカブ、クンヤについてもう少し詳しく解説する。

父子関係を示すナサブ

すでに述べたように、父子関係は ibn ～によって表され、それを「ナサブ」（nasab）と呼ぶ。この語は基本的には「～の息子」を意味するが、「～の孫」、さらに「～の子孫」をも意味することがある。例えば、ibn Ādam（イブン=アーダム）は字義的には「アダムの子」だが、アラビア語の表現としては「アダムの子孫」、つまり人間を指す。また、ibnの複数形banū～を使ったBanū～（バヌー～）は「～部族、～家」という意味で用いられる。Banū Isrā'īl（バヌー=イスラーイール：イスラエルの息子たち）はキリスト教徒を意味し、Banū Ādam（バヌー=アーダム：アダムの息子たち）は「人類」という意味である。

ibnはしばしばbin（ビン）となるため、Usāma bin Lādin（ウサーマ・ビン・ラーディン）は「ラーディン家のウサーマ」という意味である。アラビア語ibn（あるいはbin）は古いセム語の語根であり、ヘブライ語起源の英語名Benjamin（ベンジャミン：ヘブライ語Bin-yāmīn〔右手の息子〕）のBenはibnと同語源である。

場合によっては、個人名があまりにありふれたものであるという理由で、歴史的な人物を特定する場合などにはナサブの方が一般に用いられることもある。旅行記で有名なイブン=ジュバイル（1145-1217）のフルネームはAbū al-Ḥusayn Muḥammad ibn Aḥmad ibn Jubayr al-Kinānīである。この場合、本人のイスムMuḥammadも父のイスムAḥmadもありふれた名前で、あまり弁別力がないので祖父の名前Jubayr（ジュバイル：力ある〔者〕）にibnをつけて呼ばれているのである。

なお、al-Kinānī（アル=キナーニー）はマッカの南東の内陸部のキンダ王国（5-6世紀）に勢力をもっていたキナーナ家（Banū Kināna）に由来するニスバである。イエメンのハドラマウト出身のこの有力な氏族は、アドナーン（'Adnān）〈p. 88参照〉を先祖とし、預言者ムハンマドもさかのぼればこの家系であるとされる。

イブン=ジュバイルはバレンシア生まれで、1183年から85年にかけてマッカ巡礼を行った。それは丁度サラディンがアラブ世界をリードした時代で、第3次十字軍（1189-92）前夜というべ

モロッコで発行された
イブン=バットゥータを描いた切手

き時代であった。彼の旅行記では当時のアラブ地域の様子を垣間見ることができる。

イブン=ジュバイルの旅行記を愛読し、自分も偉大な大旅行記を書いたイブン=バットゥータ（Ibn Baṭṭūṭa、1304-1368/9）のフルネームはAbū ʿAbd Allāh Muḥammad ibn ʿAbd Allāh al-Lawātī al-Ṭanjī ibn Baṭṭūṭaである。彼の通称ibn Baṭṭūṭaは後述するラカブの一種で、その由来についてははっきりしない。しかし、祖母の１人の名前がFāṭimaで、その愛称形がFaṭṭūmaであった。マグリブではFaṭṭūmaをもじってBaṭṭūṭa（「アヒルちゃん」程度の意味か）と呼ばれることがよくあったことから、「Baṭṭūṭaの息子」という意味でibn Baṭṭūṭaと呼ばれるようになったとする説もある。この珍しいナサブは同氏の本来のナサブと比べて大いに弁別力がある。この場合Baṭṭūṭaはアラビア語baṭṭ（アヒル）と関係つけられている。

なお、イブン=バットゥータはマグリブ（モロッコ）のタンジェ生まれのベルベル人で、al-Lawātīはベルベル系の有力な部族の名al-Lawātaから、al-Ṭanjīは出身地タンジェ（Ṭanja）から派生したニスバ〈p. 41参照〉である。

ibn（bin）を職業名につける場合もある。ibn al-Zayyāt（イブン=アッ=ザイヤート：油屋の息子）とかibn al-Sāʿātī（イブン=アッ=サーアーティー：時計屋の息子）とかがその一例である。al-Zayyātやal-Sāʿātīは屋号とか苗字として使われていることが多い。父が時計屋であったのか、何代か前の先祖が時計屋であったのかわからない。したがって、これらの名前は、本来は通り名（ラカブ）と呼ぶこともできる。

ibn に対応する女性形は bint である。アラブ社会は男系社会であり、女性の場合は、例えば預言者ムハンマドの娘ファーティマ（Fāṭima）のフルネームを、ナサブで連ねて書くと Fāṭima bint Muḥammad ibn ʿAbd Allāh ibn ʿAbd al-Muṭṭalib ということになる。

女性は結婚しても名前を変えないのが原則である。ただ、日常的には、アリーという名の男性と結婚したファーティマという名の女性の場合は、ファーティマ・アリー（Fāṭima ʿAlī）とか、マダーム・アリー（Madām ʿAlī）と呼ばれることが多い。第三者に「アリー夫人　ファーティマ」と言いたい場合は "Fāṭima, ḥaram ʿAlī" と言うことがある。ḥaram は「禁制の、触れてはならない」が原義で、ḥarīm（ハーレム、禁制の場所）と同根語である。

アイデンティティを主張するニスバ

アラビア語には、名詞（特に固有名詞）に接尾辞 -ī（イー、女性形は -īya または -iyya）をつけて形容詞化し、「由来」や「出自」を示す「ニスバ」（nisba）と呼ばれる語形がある。アラブ・イスラーム人名では、このニスバ形にアラビア語の定冠詞 al をつけることによって、特に所属部族や所属団体、出身地、派閥、職業などを示すのに用いられる。上記イブン=バットゥータの名前にある al-Lawātī や al-Ṭanjī などが好例である。基本的に、ニスバはナサブの後に置かれる。

アラブ地域においては伝統的に、血縁、地縁のほか、宗派や教団など宗教的な所属が社会生活上特に重視されてきた。姓の意識が薄かったことから、自分の所属を示すことによってアイデンティティを主張することが行われた。このことから今日ではニスバをもって自分の姓（苗字）とすることも多い。

擬血縁関係を示すニスバ

ニスバはアラブ人の間では特に個々人が属する部族を示すのによく用いられてきた。厳しい沙漠的風土における遊牧の民アラブ人にとっては、部族とは家畜とともに移動を繰り返しながら生活する血で繋がった集団であった。そんな部族は、身内を守るために団結して自然の脅威や外敵に対処しなければならないことから武装集団としての性格を持っていた。そして、部族を離れるということはほとんど死ぬか奴隷になることを意味した。

アラビア語 qabīla（カビーラ：部族）は、本来「(身元を) 引き受ける者」という意味を持っている。この保障は絶対的なもので、もし部族の一員が外部から不当な扱いを受けた場合は部族全体がその報復に臨んだ。また、部族の一員がほかの部族の一員に対して罪を犯した場合でも、その理由の如何にかかわらず、その者を護るべきとされた。そんなアラブ人にとって部族名は自分のアイデンティティを内外の者に伝える最も基本的な手段であった。

アラブ諸国においては現在でも国家権力を掌握する部族あるいは部族連合と、しばしば反体制的な動きをする他の諸部族とのバランスの上に成り立っていることが多い。そして、中央政権が弱体化するとともに、部族同士の弱肉強食的権力争いが露わになり、熾烈な抗争が繰り返され、無政府状態を呈することがある。そこでは宗教的アイデンティティとは関係のない力学が働き、イスラームを名乗っていても、それは実際には表の顔でしかないことが多い。

預言者ムハンマドの時代のマッカは、定住化が進み、都市化が進んでいた。マッカの住民すべてがクライシュ(Quraysh) 族であったという記述もあるところから、クライシュ族の血の繋がりについては本当のところ不明と言うべきである。実際には庇護される人びとや、血縁のあるなしに関わらず、同盟関係を結んだ人びとも含まれていたと考えられる。

しかし、氏族はもちろん、部族の構成員も血のつながりを基本に構成されていると理解されていた。部族長に従って赴いた戦いにおいてはBanū Hāshimī（バヌー=ハーシミー：ハーシム家）などと鬨（かちどき）の声をあげて団結を示した。征服戦争においても、このような武装集団であった部族を基本に軍隊が編成され、被征服地に部族ごと移住するということも多かった。

al-Hāshimī（アル=ハーシミー）やal-Ḥusaynī（アル=フサイニー）は、預言者ムハンマドの血筋に由来するニスバである。すでに述べた通り、アラブ人社会にあっては自分がどの部族に属するか、どのような家系であるかは重要な意味を持っている。そして、自分たちの部族の純血を保つために、従兄妹結婚が伝統的に望ましいこととされてきた。同じセム語派の民であるユダヤ人にとっても事情はよく似ていたと考えられる。それはイサクがヤコブに母レベッカの兄「ラバン伯父さんの娘の中から結婚相手を見つけなさい」（創世記28：2）と言いつけたという旧約聖書の記述からも推測できる。

『千夜一夜物語』の翻訳者、バートン（Richard Francis Burton、1821-1890）は「アラブ人は初従姉妹つまり父の兄弟の娘、と結婚する権利があると考えている。したがって、もしもだれかがこの女を彼の手から奪うならば、相手を殺しかねないし、そうでなくとも、ふたりの間はけっきょく血を見ずにすまぬような仲になる。」（大場正史訳）とさえ解説している。

都会化が進んだ近代においては、従兄妹結婚は次第に減少しつつある。しかし、今日でも部族内結婚や、従兄弟と従姉妹の結婚は望ましいこととされている。エジプトで３番目の人口を擁する都市ギザ出身の友人は、彼の従妹が従兄である彼以外の男性と婚約するのに際して、叔父が彼の父親に許可を求めに来たと筆者に話してくれた。実際に、今日でも結婚前の男女交際に関して制限が多いイスラーム社会では、親戚間の婚姻が多い。

出身地を示すニスバ

自分の出身地名からニスバが作られることも多い。ニスバのうち45パーセント近くが地名に由来するものであるという統計もある。マッカ（Makka）出身の男性につけられるニスバはal-Makkī（アル=マッキー）であり、女性につけられるニスバはal-Makkīya（アル=マッキーヤ）である。バグダード出身の男性のニスバはal-Baghdādī（アル=バグダーディー）、女性の場合はal-Baghdādīya（アル=バグダーディーヤ）である。女性名の場合、ニスバも女性形となる。

地名のニスバは、アラブ地域よりもイランの方がより一般的である。このことは、ペルシャが古くから帝国を築き、人びとの定住化が進み、伝統的に出身地によって自分たちの素性を伝えたことによると考えられる。一方、アラビア半島のベドウィンたちは遊牧の民であり、伝統的に定住地を持たなかったことから、部族の名を自分たちの素性を伝える最も有力な手段とすることが多い。

イラン・イスラーム革命の指導者ホメイニー（Khomeinī、1902-1989）〈p. 124参照〉は、イラン中央部の都市ホメイン（Khomein）出身である。ホメイニー師を継いでイランの第2代最高指導者の地位にあるハーメネイー（Khāmeneī、1939- ）は、イラン北東部のマシュハド生まれであるが、彼の先祖はイランの北西部のトルコに近い小さな都市ハーメネ（Khāmeneh）出身である。これら

ホメイニー師と子ども（撮影日不詳）

のニスバはアラビア語ではal-Khumīnī（アル=フミーニー）とかal-Khāminiʼī（アル=ハーミニイー）となる。

また、ティグリス・ユーフラテス川が流れ、歴史的にペルシャに含まれてきたイラクの南部でも地名に由来するニスバを名乗ることが多く、バクダード出身者がal-Bagdhādī（アル=バグダーディー）を名乗っている例がある。欧米では悪名高き独裁者フセイン大統領（在任1979-2003）のフルネームはṢaddām Ḥusayn ʻAbd al-Majīd al-Tikrītīで、同大統領の出身地はバクダードの北西140キロにあるティグリス川沿いの都市ティクリート（Tikrīt）である。

豊かなラカブ（あだ名・称号・敬称）

今日、多くのイスラーム諸国では名前の簡素化を図っている。前述のように、エジプトでは曽祖父までの男系系譜をもってフルネームの基本とし、伝統的に使われてきた親子関係を示すibnやbintを公的にはつけない。そして合名は法律によって禁止されている。IDには称号や敬称、尊称、そして一般にラカブと呼ばれている添え名やニックネームなどは見られない。

しかし、アラブ・イスラーム社会では、しばしば人気のある名前が偏りがちで、特に神の美称〈第2章参照〉、預言者たちの名前、特に預言者ムハンマドの美称〈第３章参照〉、お家（いえ）の人びと〈第４章参照〉の名前に人気が集まりがちである。実際に、Muḥammad が何世代にもわたって引き継がれている場合や、Muḥammad と ʿAlī とが交互に使われている場合などがある。さらに、比較的最近まで Muḥammad ʿAlī とか Muḥammad ʿAbd al-Raḥmān などの合名も非常に一般的に使われていた。

そこで同名の人びとを分別するためのさらなる工夫が必要となるが、そのひとつが「ラカブ」（laqab）である。このラカブは非常に変化に富み、アラブ人の名前の大きな特徴のひとつとなっている。ラカブが歴史上の人物に使われていることが頻繁で、そのようなラカブが次第に個人名（イスム）として使われるようになり、現在の人びとの個人名に見ることができる。

身体的・性格的特徴を表すラカブ

最も簡単なラカブは、その人の身体的な特徴とか年齢とかに由来するものである。例えば、非常に一般的になった名前 Muḥammad に、kabīr（年上の、大きい、偉大な）などを使って Muḥammad al-Kabīr（ムハンマド・アル=カビール）と言ったり、kabīr の比較形 akbar を使って Muḥammad al-Akbar（ムハンマド・アル=アクバル）と呼んだりする。これらのラカブは親戚や近所の「体の大きいムハンマド」とか「年上のムハンマド」という意味で使われることが多い。

預言者ムハンマドの最初の妻ハディージャは、kabīr の女性形 kabīra の比較形 kubrā を使って Khadīja al-Kubrā（ハディージャ・アル=クブラー）と呼ばれる。これには「年上の」とともに「偉大な」という称号としての意味が含まれている。そのようなラカブが次第に個人名として使われるようになることはごく自然なことである。Kabīr（カビール）や Akbar（アクバル）が男性名として、Kabīra（カビーラ）や Kubrā（クブラー）は女性名として使われている。

預言者ムハンマドの末娘はファーティマ・ッ=ザフラー（Fāṭima al-Zahrā'：輝く華のファーティマ）と呼ばれる。初代正統カリフは、アブー=バクル・アッ=スィッディーク（Abū Bakr al-Ṣiddīq：真実なる者アブー=バクル）と呼ばれることが多い。これら al-Zahrā' や al-Ṣiddīq もラカブで、ファーティマやアブー=バクルの人柄や性格、行いなどから与えられた誉ある添え名である。Zahrā'（ザフラー）は女性名として、Ṣiddīq（スィッディーク）は男性名としても用いられている。

称号・雅号としてのラカブ、～ al-dīn

アッバース朝のカリフは、特に宗教色の強いラカブで呼ばれることが多かった。同王朝最盛期のカリフ Hārūn al-Rashīd（ハールーン・アッ=ラシード）〈p. 77 参照〉の al-Rashīd は、神の美称を模したラカブであり、称号である。ハールーン・アッ=ラシードの前王の称号 al-Hādī（導く者）、後継者の称号 al-Amīn（清廉なる者）も神の美称である。

イスラーム世界最高位のカリフが「神の美称」と同じラカブを持っているということは、カリフがアッラーと似た徳や権威を持つことを暗示するものである。このようなカリフが与えるいろいろな称号（ラカブ）を用いることが流行した。その典型的な例で、今日でも使われているのが「名詞＋ al-dīn」形式のラカブである。

この「名詞＋ al-dīn」という形のラカブは、中央集権化をすすめたアッバース朝時代（750-1258）の宮廷風の、優雅で権威主義

15世紀の装飾写本中の
「エジプトの王、サラディン」
(Wikipedia)

的な当時の風潮に影響されたものである。その宮廷風とはサーサーン朝ペルシャ(226-651)の宮廷を模倣したものであり、階級や位階に厳しく、もったいぶった「虚飾」が流行した。特にアッバース朝の支配権を広げるのに貢献した将軍や地方の有力者に様々な称号、階位、官職などを与えることで、カリフは権力の維持を図った。

ラカブはまた、同時代や後世の詩人が支配者を称揚する頌詩に盛んに用いるようになり、英雄たちに対する賞賛の言葉をとして盛んに使われるようになった。特に al-dīn がつくラカブが非常に頻繁にそして機械的に使われるようになり、それがまた個人名としても定着することになった。

十字軍との戦いに功績をあげた英雄サラディン（Saladin、在位 1169-1193）のアラビア語名 Ṣalāḥ al-dīn（サラーフ=ッ=ディーン：宗教の公正）は、そのような称号であり、それが個人名のように使われるようになった典型的な例と言える。イスラーム側に聖戦意識を喚起して、第1次十字軍に奪われたエルサレムを奪還したサラディンの実名は Yūsuf ibn Ayyūb〈p. 91 参照〉で、Ṣalāḥ al-dīn は、彼が行った公正な善政を讃えて与えられた称号であり、ラカブである。

旅行家イブン=ジュバイルは、アレクサンドリアでサラディンの功績を見聞して彼の人望の厚さを記している。それによると、サラディンが、学院（マドゥラサ）や宿泊所を設けて学問を奨励し、遠くからやって来る旅人を手厚くもてなし、税金を減らして人びとの富を増したことなどを挙げている。そして「このスルターンの功績と公正への意思、イスラームの領土を守ろうとするための態度は数え挙げられないほどである。」（藤本勝次、池田修訳）と、最高の賛辞を贈っている。このように名君として誉れ高いサラディンは、アラブに限らず、イスラーム諸国が外圧を受けたり、侵略されたりするとしばしば想起される人物である。

ところで、このサラディンと「アラジンと魔法のランプ」の主人公アラジン、さらにフランスの元サッカー選手のジネディーヌ・ジダンの名前に共通点があることに気づいている日本人は少ない。「アラジン」は元のアラビア語では ʻAlāʼ al-dīn（アラーウ=ッ=ディーン：宗教の崇高さ）、「ジネディーヌ」（Zinédine）は Zayn al-dīn（ザイヌ=ッ=ディーン：宗教の美しさ）である。ʻAlāʼ（アラー）は人名としても使われる形容詞 ʻAlī（アリー：崇高な、高貴な）に対する名詞形で「崇高さ」を表す。Zayn（ザイン）は中東の携帯電話会社の名前でも知られるが、「美しさ」を表す。

サラディン、アラジン、ジネディーヌに共通する～ al-dīn の al- は定冠詞、dīn は「信仰」や「宗教（の～）」という意味をもっている。この語は「審判」という意味にも用いられ、イスラームにおける「最後の審判の日」は yawm al-dīn（ヤウム=ッ=ディーン）と呼ばれている。この語の基になっているアラビア語の語根 √DYN は「裁き」を意味する古いセム語の語根の１つである。動詞 dāna（〔神が指し示す〕正しい道を歩く）と同根語であり、この語根はヘブライ語起源の英語名 Daniel（ダニエル：神は私の裁き手）や Dayan（ダヤン：裁き手）にも見られる。

13 世紀に入ると al-dīn は名前を構成する要素としてほとんど不可欠なものとなり、エジプトでは王がカリフを名乗ったファーティマ朝からマムルーク朝時代（1250-1517）、すなわち、奴隷軍人（mamlūk）の政権が続いた時代にかけて最も盛んに使われた。マムルークたちに大げさともとれる al-dīn のつく称号が与えられたのは、マムルークたちが「奴隷」という身分の低さを補う権威づけを必要とし、そのような尊称を大いに喜んだことが１つの理由であった。それはヒンドスターン平原で割拠したテュルク系マムルークにとっても同じで、南アジアやその影響下にあった東南アジアで今日でも al-dīn を持つ名前がよく見られるのは同じ理由によるものである。

al-dīn のついたラカブは本来、誉れのある称号であり、また雅号であることから、一般に「輝き」や「強さ」「美しさ」などを意味する言葉と結びついている場合が多い。すなわち、Shams al-dīn（シャムス=ッ=ディーン：宗教の太陽）、Badr al-dīn（バドゥル=ッ=ディーン：宗教の満月）、Qamar al-dīn（カマル=ッ=ディーン：宗教の月）、Najm al-dīn（ナジュム=ッ=ディーン：宗教の星）、Nūr al-dīn（ヌール=ッ=ディーン：宗教の光）、Bahār al-dīn（バハール=ッ=ディーン：宗教の輝き）などが「輝き」と結びついた例である。

「強さ」と結びついた例としては、ʻAḍud al-dīn（アドゥドゥ=ッ=ディーン：宗教の力）、Asad al-dīn（アサドゥ=ッ=ディーン：宗教の獅子）、Nāṣir al-dīn（ナースィル=ッ=ディーン：宗教の保護者）、Ḥusām al-dīn（フサーム=ッ=ディーン：宗教の剣）、ʻImād al-dīn（イマードゥ=ッ=ディーン：宗教の支柱）、ʻIzz al-dīn（イッズ=ッ=ディーン：宗教の威力）などが「力」と結びついた例である。「美しさ」と結びついた例としては Jamāl al-dīn（ジャマール=ッ=ディーン：宗教の美しさ）や前述の Zayn al-dīn（ザイヌ=ッ=ディーン）などがある。

そして、預言者ムハンマドが Shams al-dīn と呼ばれたことから、Muḥammad という個人名を持つ人には Shams al-dīn をいうラカブをつけるとか、預言者ユースフが神の造られた最も美しい男性とされたことから、Yūsuf という名を持つ人には Jamāl al-dīn

をつけるというように、その人自身の特徴や功績に関係なく al-dīn がつくラカブがつけられるようになった。イブン=バットゥータの『大旅行記』の口述筆記人が、イブン=バットゥータのことを、「東方では Shams al-dīn と呼ばれている」と書いており、イブン=バットゥータの個人名（イスム）がムハンマドであったことからそう呼ばれたものと考えられる。イランの国民詩人ハーフィズ（Ḥāfiẓ）も本名が Muḥammad であることから、形式的に Shams al-dīn Muḥammad が本名となったが、自分は雅号を Ḥāfiẓ と称し、それが一般に通じている。

al-dīn を持つ称号は、ほかのラカブと同じように個人名として使われるようになり、今日では al-dīn を省略する傾向がある。例えば、'Alā' al-dīn の 'Alā'（アラー）は単独で個人名として用いられる。Nāṣir al-dīn が省略されて、Nāṣir として使われることが多い。筆者がヨルダンを旅行した時のガイドは Ṣalāḥ（サラーフ）という名前であったが、自分の名前は Ṣalāḥ al-dīn を短縮したものだと語ってくれた。

敬称としてのラカブ

今日でも日常的に耳にするラカブとしては、巡礼月に所定の儀式にしたがってマッカ巡礼を成し遂げた人を Ḥājj（ハーッジュ：巡礼者）、クルアーンを全部暗誦できる人を Ḥāfiẓ（ハーフィズ：守る人、記憶者）などがある。女性の場合は、女性形語尾 -a を付して Ḥājja（ハーッジャ）、Ḥāfiẓa（ハーフィザ）などと呼ぶ。宗教的指導者であれば、Imām（イマーム）などと呼ばれる。

これらはもはや称号というよりは、敬称といった方がその実態にそぐうようになっている。本来は預言者ムハンマドの子孫を表すラカブ Sayyid（サイイド）やその女性形 Sayyida（サイイダ）は、現在では単に「～さん」（英語の Mr. や Mrs.）として使用されている。敬称的なラカブは、Imām Yūsuf や Ḥājj Ḥusayn、Sayyid Raḥmān のように人名に直接つける。第三者の場合は、al-Sayyid Aḥmad、al-Imām Yūsuf、al-Ḥājj Ḥusayn など、定冠詞の al（英語の the に相当）をつけて敬意を表す。

マッカ巡礼を果たした人がどのような気持ちになったかは、イブン=バットゥータがマッカを訪れた時の気持ちによく表れている。彼は、「神の、いみじきわざのうち、とりわけ心を惹くことは、人々の胸のうちに、この霊域を訪れようという強い願望を植えつけたもうたことである。このあこがれは、はげしくて、何者もこれを阻止することはできぬ。また一度この地に至ったものは、深い愛着を生じ、もはや別れ去ることにしのびなくなる。やむなく去り行くときは、必ず再び三たび帰ってくるぞとこころに誓うのである。」（前嶋信次訳）と、心のたかぶりを述べている。

大いなる苦労の末にこのような気持ちを経験した人を、敬意を込めて Ḥājj（ハーッジュ）と呼んだり、自分がそう呼ばれることに強い誇りを感じたりするのは当然である。実際に、今日でも巡礼を済ませたことを表す言葉とか写真、そのほかのしるしを、家の入口や壁などに掲げているのを見ることがある。

名前におけるタブーと尊称クンヤ

個人名にはいろいろとマナーやタブーがある。例えば、目上の人に対して個人名を裸で使うことは失礼であるとか、個人名をみだりに口にするとその名を持つ人に悪霊が取りつく、あるいは神の名を裸で使うとたたりがあるというようなものである。直接個人名を裸で使う失礼を避ける1つの方法として、アラビア語には Abū（アブー：父）や Umm（ウンム：母）をつける「クンヤ」

（kunya）と呼ばれる尊称がある。

息子をもって一人前

伝統的に部族社会的性格が強く、男系社会であるアラブ地域においては、初めて男児が生まれるとその子の名前の前に Abū（父）をつけてそれを父親の通り名とすることがよくある。例えば、長男が Yūsuf という名前であれば、父親を Abū Yūsuf（アブー=ユースフ：ユースフの父）と呼ぶ。これは典型的なクンヤであり、別称、すなわちラカブと言うこともできる。

預言者ムハンマドには、最初の妻ハディージャとの間に２人の息子（al-Qāsim〔アル=カースィム〕、ʿAbd Allāh〔アブドゥ=ッラー〕）と４人の娘があった。ところが男児２人ともが夭折してしまう。そしてムハンマド自身が、夭折した長男の名前を使ったクンヤ Abū al-Qāsim（アブ=ル=カースィム）というクンヤで呼ばれることを好み、ブハーリー編『ハディース』によると、自分が生きている間はこのクンヤを他人が使うことを禁止したとされる。

そのようなわけで、預言者ムハンマドには彼の死後、家系を継ぐべき男児がいなかった。そこで彼は敵から Abtar（アブタル：切り尾、負け犬、無価値）というラカブで呼ばれた。それに対してクルアーンには「本当にあなたを憎悪する者こそ、（将来の希望を）断たれるだろう」（Q108：3）とあり、同じアラビア語 abtar が「（将来の希望を）断たれる者」という意味に使われている。今日でも男児のない夫婦の夫は Abū ʿAbd Allāh（アブー=アブドゥ=ッ=ラー：神の僕（しもべ）の父）と呼ばれ、妻は Umm ʿAbd Allāh（ウンム=アブドゥ=ッラー：神の僕の母）などと呼ばれることがある。

Abtar は蔑称であり、この蔑称は当時のアラブ人にとって家名を継ぐべき男児を生むということがいかに大切であったかを示している。もちろん、今日では事情が大きく変わっている。しかし、上記の Abū ʿAbd Allāh や Umm ʿAbd Allāh のようなラカブは、男児を持ちたいという希望とか願望を共有する人びとが相手を思いやる気持ちが、今も残っていることの表れであると考えることができる。

いろいろな用途のクンヤ

前述のようにアラブ社会には、息子が生まれるとその子の両親は、その子の名前に Abū や Umm をつけて呼ばれる伝統がある。ただ、Umm Kulthūm（ウンム=クルスーム：ふっくらした顔の母）は、預言者ムハンマドの三女の個人名（イスム）として知られている。この名は彼女がふっくらした顔をしていたことからつけられたクンヤ形式の個人名である。イランの国民的抒情詩人ハーフィズは、ふっくらした女性の顔（かんばせ）の魅力をチューリップに例えている。生まれて間のないわが娘のふっくらした頬に、チューリップのような美しい女性に育つようにと願ってこのような名前をつける親心はよくわかる。

アスワン・ハイ・ダムの建設によって湖底に沈むようになることからユネスコの援助によって移設された古代遺跡アブー=スィンベル神殿は、その遺跡の発見に貢献した少年の名前アブー=スィンベル（Abū Simbel：穂の父）にちなんで名づけられたものである。この名の Simbel は「穀物の穂」を意味し、豊穣を象徴するクンヤ形式の個人名ある。

Abū Bakr（アブー=バクル——初代正統カリフ）の Bakr は「ラクダの子」を意味する。アブー=バクルはマッカの名家の慣例に従って、幼いころ沙漠のベドウィンのもとで養育され、子ラクダと戯れるのが好きだったことからこのようなクンヤで呼ばれたとされる。これはクンヤ形式のラカブと言うべきである。

このように、人や植物や動物の特に目立つ特徴や、抽象名詞にAbūやUmmをつけて名前としたりすることがある。例えば、Abū al-Ḥakam（アブ=ル=ハカム：智慧の父）は、一般的にはḤakamという名の長男を持つ父親のクンヤであると考えられるが、豊かな智慧（ḥakam）の持ち主に与えられるクンヤ形式のラカブであるとか、豊かな智慧を持つ人になってほしいという親の願望の表れとしてのクンヤ形式の個人名であるとも解釈できる。

同じようなクンヤにUmm Ḥabība（ウンム=ハビーバ：愛の母）がある。この名の意味は「最愛の人」である。このクンヤは最愛の人に対するラカブとして使われたが、実質的には個人名として使われ、預言者ムハンマドの妻の１人の名前として知られている。

クンヤが特定の名前と結びついている場合がある。例えば、Alīという名を持つ人が、子供のあるなしにかかわらずAbū Ḥasan（アブー=ハサン）とかAbū Ḥusayn（アブー=フサイン）というクンヤで呼ばれたりすることがある。また、Ibrāhīmという名の人がマッカ辺りではAbū Ismā ʻīl（アブー=イスマーイール）と呼ばれたり、シリア辺りではAbū Isḥāq（アブー=イスハーク）というクンヤで呼ばれたりする。

反対にḤasanという名を持つ人が、形式的にAbū ʻAlī（アブー=アリー）と呼ばれることもある。このクンヤは、一般的には息子の名にAbūをつけるという原則と反対に、父の名にAbūをつけた例である。同じような例にはAbū al- ʻAbbās（アブ=ル=アッバース）がある。この名はアッバース朝の創建者のクンヤとして知られている〈p. 120参照〉。このクンヤはウマイヤ家とアッバース家との勢力争いの中で、自分は預言者ムハンマドの叔父

al-ʿAbbās に繋がる家系であることを主張するためにつけたクンヤである。クンヤは基本的には他人から呼ばれる尊称であるが、この場合は自己主張としてのクンヤになっている。

クンヤは尊称であるのが原則であるが、忌み嫌われるクンヤもある。例えば、アブー=ジャフル（Abū Jahl：無明の父）である。彼の本名は Abū al-Ḥakam ʿAmr ibn Hishām である。彼はクライシュ族の指導者としてムスリムを厳しく迫害した人物で、故アラファート議長の名前のところで述べたスマイヤ（Sumayya）やヤースィル（Yāsir）を死に至らしめた人物である。このムスリムにとっての仇敵は、預言者ムハンマド率いるイスラーム軍とクライシュ族との最初の戦いであるバドゥルの戦い（624年）で、クライシュ族を率いて戦い、この戦いで戦死した。「無明の父」とはアッラーを認めない「無知蒙昧の男」という意味である。これは彼の本来のクンヤ Abū al-Ḥakam（アブ=ル=ハカム：智慧の父）を皮肉ったものである。

今日のエジプトでは、個人名、父の名、祖父の名、そして曽祖父の名（姓）という4つの名前をもってフルネームとして登録することが一般的になっている。したがって、尊称としてのクンヤが公的な書類に使われることはない。ただ内輪で、尊敬を表す言葉として使われることは今も多い。例えば、Aḥmad という息子を持つ父親が、近しい友人たちや親戚によって Abū Aḥmad（アブー=アフマド）、母親が Umm Aḥmad（ウンム=アフマド）と呼ばれることがよくある。日本語で「太郎君のお父さん」「太郎君のお母さん」、という表現が学校や病院など、子どもがメインの場でのみ使われるのとは、微妙にニュアンスが違っている訳である。

第2章

アッラーに仕える人間たち

——神を讃える名前の数々——

朝の祈り（オットー・ピルニー作）

イスラームでは、神は唯一絶対の存在であり、宇宙の創造者で、支配者である。ムスリムがムスリムたるためには6つのことを信じ、5つのことを行わねばならない。それを「六信五行」という。その信ずべき6つのことの第1が唯一絶対の神の存在を信じることである。この「神の唯一絶対性」のことを tawḥīd（タウヒード）と言う。

タウヒードはムスリムの宇宙観の根幹をなすものである。六信のほかのものは、その唯一絶対の使いとしての天使の存在を信じること、神から天使を通じて下された啓典を信じること、神の預言者を信じること、死後の世界を信じること、そして神が定めた天命を信じることである。Tawḥīd（タウヒード）そのものが男性名として使われる。Tawḥīda（タウヒーダ）は女性名である。

Allāh（アッラー）は al-ilāh（the god）がつづまったものである。ilāh（イラー）は、ヘブライ語起源の英語名 Gabriel の -el や Elizabeth の El- などと同族語である。-el（El-）は、本来一般の神を意味する言葉であったが、ユダヤ教では次第に唯一神ヤハウェを意味するようになった。アラビア語 Allāh と英語 God とは同義語である。

イスラーム以前にも Allāh という言葉があった。預言者ムハンマドの父親の名前が ʻAbd Allāh（アッラーの奴隷）である。この Allāh は偶像神としてカアバ神殿に祀られていたとされる。ただ、預言者イブラーヒームによって純正な一神教に回帰したとされる立場のイスラームでは、預言者ムハンマドが啓示を受ける前のアッラーは、諸部族それぞれの守護神の上に立つ最高神であったと考えられている。

イスラーム以前は、諸々の神の顕現として人間の姿をした偶像を考え出し、それぞれの部族が自分たちの偶像神を信じていた。その最たる例がマナーフ（Manāf）やフバル（Hubal）である。

マナーフはハーシム家の守護神であった。ハーシムの父の名前が ʿAbd Manāf（ブドゥ=マナーフ）であり、預言者ムハンマドの養父アブー=ターリブ〈p. 119参照〉の本名も ʿAbd Manāf である。フバルは、クライシュ族の守護神として、人びとが現世的諸問題の解決や幸福を祈願する神として、カアバの中心的な神になっていた。クルアーンに「かれらは言う。『有(あ)るものは、わたしたちには現世の生活だけです。…わたしたちを滅ぼすのは、時の流れだけです』」（Q45：24）とあり、イスラーム以前の人びとが来世を信じなかったことが述べられている。

それが預言者ムハンマドの登場によってその性格が一変した。アッラーは唯一絶対の創造神として、現世というより来世の幸せを約束する神として「正しい生き方」を求める神となった。その変化にはユダヤ・キリスト教的影響が強かったとされる。すなわち、アブラハムの神、イサクの神、ヤコブの神といった族長個々人の守護霊的な神は、部族の神になり、民族全体の神となり、さらに、来世での幸せを約束する唯一絶対の人格神ヤハウェとなっていった。

実際に、ユダヤ教・キリスト教・イスラームにおける唯一神は同一の存在とされており、ユダヤ教で「ヤハウェ」、アラビア語で「アッラー」というのは、単に呼び方が違うだけである。ただ、ユダヤ教ではこの唯一神を「ユダヤ人の神」と考えるのに対して、イスラームでは全人類の神であるとしている。その意味で、ユダヤ教は民族宗教と位置づけられるのに対して、イスラームはキリスト教とともに世界宗教として位置づけられている。また、ユダヤ人の神は人間であるヤコブと取っ組み合いをして勝負がつかず、その神がヤコブにイスラエル（Israel：彼は神と競った）という名前を与えた。しかし、宇宙を超絶したイスラームの神が人間と競うということなどありえない。

神の能力は無限であり、宇宙さえ創造する。そんな神は被造物である宇宙をはるかに超えた存在であり、ましてやこの世に具体的な姿で現れることなどありえない。具体的な姿で描くことは神を人間の手によって矮小化することであり、はなはだしく冒涜することになるのである。

アッラーに絶対服従するムスリムの姿

神の被造物はすべて無条件に神を賛美し、奴隷のごとく神に従う。セム神話に大きな影響を与えたシュメール神話では、人間は神々に代わって農業など、辛い仕事をするために創造されたことになっている。しかし、人間はその責任を忘れて不平を言ったり、偶像を作って神の存在を矮小化したりする。それは神の絶対性を否定することであり、神でないものまで神として崇めることに繋がる行為であり、「悪」である。そのように「善」とともに「悪」をも自分の判断で行う存在、すなわち倫理的な存在である人間が「悪」を行う時、神は激しく怒るのである。

その唯一絶対にして人格を持つ神は、限りなく慈悲深く、崇高で、崇拝と信仰の対象である。被造物としての人間は、そのような神に全面的な愛と忠誠と服従を誓う。強制によるのではなく、自発的に、心からの僕（しもべ）となるのである。モスクに集い、額を床につけて祈るムスリムの姿に、神への服従の気持ちがよく表れている。mosque（モスク）は、アラビア語 masjid（マスジド：額づくところ）が語源である。

ムスリムの名前には Allāh（アッラー：神）を構成要素に持つものやアッラーを意味する言葉を構成要素に持つものが多く見られる。その最も良い例が ʻAbd Allāh（アブドゥ=ッラー）である。この ʻAbd は、一般に「僕（しもべ）」とか「奴隷」と訳されている。しか

し ʿAbd と同根の動詞 ʿabada には「奉仕する」とともに「(神を) 崇拝する」という意味がある。したがって ʿAbd には「(神を) 崇拝する者」という意味が包含されている。

このように神を崇拝し、神に奉仕する人間に対して神は限りない感謝をもって応えられる。そのことはクルアーンに「**かれ**は、十分にかれらに報奨(ほうしょう)を払われ、御(み)恵みを余分に与えられる。本当に**かれ**は、度々赦される御(お)方、(奉仕に) 十分感謝される方 (Shakūr) であられる。」(Q35：30、下線は筆者) とあることからもわかる。al-Shakūr (アッ=シャクール：十分感謝される方) は神の属性を表す美称の１つであり、Shakūr 単独で男性名として使われる。奉仕に感謝される神の報奨や赦しに感謝するのは敬虔さの表れである。同根の名前には男性名 Shākir (シャーキル：感謝する〔者〕) や Shukrī (シュクリー：感謝の)、Shakkār (シャッカール：何度も感謝する者)、女性名 Shukrīya (シュクリーヤ) などがある。以下、神の美称の主なものを見ながらイスラームの神とはどのような存在であるかを考える。

神の99の美称と、僕(しもべ)としての人間の名前

アッラーは全能者であり、天地創造者であり、すべての所有者である。この抽象的な存在は、絵画でも音楽でもなく、言葉によって表すしか仕方がない。そこで、アッラーの属性がいろいろな言葉で表される。その言葉すべてがアッラーの美称となりうるが、そのうち99が特に「アッラーの美称」として選ばれている。そして、無限にして尊厳極まりないアッラーの属性はその美称のなかに凝集されている。

最も権威があるハディース集 (預言者ムハンマドの言行録集) はいずれもアッラーの99の美称を挙げており、それらの美称を

覚えた者は誰でも天国に入るであろう、と書かれている。ユダヤ・キリスト教では、「神の名をみだりに唱えてはならない」(『出エジプト記』20：7) と、神の名を呪術的に唱えることを戒めるとある。これは現世的で自分勝手な欲のために神の名を呼ぶことを戒めたものと解釈されている。しかし神を愛し、心より神に服従し、神の意図を常に心に想起するために神の名を唱えることは信仰のひとつの表れである。

イスラームにはジクル (dhikr) と呼ばれる祈祷儀礼がある。これは神の名号を心の中で、あるいは声に出して連呼して精神を高めて神との合一を目指すもので、特に神秘主義者 (スーフィー) たちに一般的な祈祷形式である。dhikr は元来アラビア語で「(神を) 思い出すこと」を意味する。その意味で神の美称を人名の構成要素として用いることはイスラームでは非常に一般的なことである。

神の 99 の美称はすべてアラビア語の定冠詞 al がつく。それらは唯一にして絶対的な存在であるアッラーを表すものであり、それらがそのまま人間の名前として使われることはない。人名として使う場合は、原則として ʿAbd (僕(しもべ)、奴隷) をつけなければならない。神の名そのものを自分の名前にすることは、イスラーム法の禁止事項 (ハラーム) である。また、ʿAbd を神の名以外につけることも禁止事項となっている。

神の美称に ʿAbd をつけた人名としては、ʿAbd al-Raḥmān (アブドゥ=ッ=ラフマーン：慈悲深き者の僕) や ʿAbd al-Karīm (アブドゥ=ル=カリーム：寛大なる者の僕) などに特に人気がある。伝承 (ハディース) にも、ʿAbd al-Raḥmān は ʿAbd Allāh と並んで神が最も好まれる名前であると預言者ムハンマドが言ったとある。それに対して否定的意味を持つ al-Muntaqim (復讐者) や al-Ḍārr (害を加える者) などは、神の美称といえども、普通、人名を構成する要素として使われることはない。

また、神の美称として使われた言葉と同根の言葉も人名として使われているものが多い。それらの人名を見ることによってイスラーム的概念や価値観を理解することができる。以下に解説する神の美称は人名の構成要素として特に人気が高いものである。

慈悲深いアッラー

慈悲は、アッラーの属性のなかでも最も基本的なものと言える。それは愛情をもって人を包み、寛容な心で罪びとを赦し、惜しみなく与える心である。アッラーは優しく、善行を積む者に感謝し、彼らの願いに応える。

✸ al-Raḥmān（アッ=ラフマーン：慈愛深き者）、al-Raḥīm（アッ=ラヒーム：慈愛あまねき者） クルアーンの第9章を除くすべての章が「慈悲あまねく慈愛深きアッラー（Allāh al-Raḥmān al-Raḥīm）の御名（みな）において」という文で始まる。神の「慈悲」とか「慈愛」は宇宙の調和と生活の安寧に不可欠なものである。Raḥmān と Raḥīm とは、「慈悲深い」を意味するほぼ同義の言葉である。類義の2語を並べることによって「慈悲」とか「慈愛」を強調する効果をもたらしている。

これらの語は、raḥim（ラヒム：子宮）と同根語で、慈悲には母性が深く係わっている。「子宮」とは体内の子にとっては必要なものすべてを与えてくれるものである。その点で、アッラーの人間に対する関係と似ているとされる。同じ「子宮」から生まれた者はみんな「兄弟姉妹」であり、「同胞」である。イスラームではそれが神の僕（しもべ）たちの umma（ウンマ：共同体）の概念に昇華されている（Q 49：10）。この umma は umm（母）と同根の言葉であり、raḥim（子宮）と raḥīm（慈悲）とが同根語であることを考えると、イスラーム共同体がどのような人間関係を理想としているかが想像できる。

ʿAbd al-Raḥmān（アブドゥ=ッ=ラフマーン）の名を持つ人物は数限りない。なかでもよく知られている歴史上の人物に、後ウマイヤ朝（756-1031）を興したアブドゥ=ッ=ラフマーン1世（ʿAbd al-Raḥmān ibn Muʿāwiya、在位 756-788）や、同王朝の全盛期を築いたアブドゥ=ッ=ラフマーン3世（ʿAbd al-Raḥmān Ⅲ、在位 912-961）がいる。

アブドゥ=ッ=ラフマーン1世は、ウマイヤ王家の皇太子とマグリブ出身のベルベル人側室との間に生まれた。彼はウマイヤ王朝の滅亡によってアッバース家から追われる立場に陥った。そして、ウマイヤ家の有力者がほとんど殺害されるなか、必死に逃避行を続けて、母の故郷に身を寄せた。

若いアブドゥ=ッ=ラフマーンは、長身で、肌は栗色、頬はほっそり、鋭い顔立ちをし、髪はブロンドという容姿をしていた。また、彼の立ち居振る舞いは、俊敏であり、優雅で、礼儀正しく、会話は当意即妙、雄弁であり、詩作に秀でていた（『アラブとしてのスペイン』余部福三著）とされる。それに加えて最高の環境で育った者に備わった鷹揚さもあって、時を経ずして人びとの支持を得るようになり、すでにウマイヤ朝の西方の首府となっていたコルドバを首都にして後ウマイヤ朝を創設するのである。

アブドゥ=ッ=ラフマーン1世
(Wikipedia)

コルドバは、その後半世紀余りの間に、コンスタンティノープルやアッバース朝の首都バグダードに次ぐほど

コルドバ、メスキータの「円柱の森」(Timor Espallargas, CC BY-SA 2.5)

の大都市になった。そのバグダードは、ハールーン・アッ=ラシード〈p. 77参照〉の息子アブドゥ=ッラー・アル=マームーン（Abū Ja'far 'Abd Allāh al-Mā'mūn ibn Hārūn、在位813-833）の時代に最盛期を迎えた。そしてヘレニズム文化の影響を受けたイスラーム文化が栄え、アリストテレスの作品など、ギリシャ古典の翻訳が盛んに行われた。

それは、埋もれていたギリシャ文化の復興、すなわち「バグダード・ルネッサンス」というべき現象であった。そしてその成果が次第にコルドバに移転し、コルドバはイスラーム文化の輝ける都となるのである。後にヨーロッパの「12世紀ルネッサンス」と呼ばれる現象は、コルドバやトレドに集まった西欧の学者たちの貢献が大きく、アラビア語に翻訳されていたギリシャ古典をラテン語に翻訳することによって生まれた文化的現象であった。

今日コルドバで人気の観光スポットとなっている世界遺産メス

キータ（Mezquita）は、キリスト教の教会の跡にアブドゥ=ッ=ラフマーン１世がマッカやエルサレムのモスクに対抗できるものとして建築を命じたもので、彼の霊廟ともなった。以後増築がなされて一度に25,000人もの信者が礼拝できるほどの広さがあった。しかし、1236年にカスティリャ王フェルナンド３世（Fernando Ⅲ、在位1217-1252）によりコルドバが再征服されるとカトリック教会に改装され、さらに増築されて今日に至っている。

スペイン語mezquita（モスク）は、中世にアラビア語masjid（モスク）から借入されたものである。そして、アラビア語masjidは中世のスペイン語、イタリア語、フランス語を経て英語に借入され、mosque（モスク）となった。

惜しみなく与えるアッラー

神は、両手を広げ、すべてを包み込み、生活の糧、富や権力、名誉をはじめ、あらゆる善きものを惜しみなく与える。「寛大さ」はアラブ人が最も大切に考える価値であり、徳である。それだけに寛大さを表す言葉はそれ自体人気のある名前となって多くの人びとに使われ、豊かなエピソードがぶら下がっている

✹al-Karīm（アル=カリーム：寛大な者） Karīmには、「高貴、寛大、貴重」などの意味がある。寛大さや高貴さとは伝統的に生まれや血筋に由来するものと考えられてきた。王や首領の資質として最も望まれるのは、戦いに勝ちぬく強さと勇気を持ち、戦利品を惜しみなく分け与える度量である。そのことからこのアラビア語には「寛大な」や「高貴な」に加えて「度量がある」「勇気がある」という意味領域が重なることになる。

東地中海や中東地域には伝統的に「客人歓待」を美徳とする風

習がある。遠来の客人の苦労や気持ちを察してあらゆる手立てを尽くしてもてなすという精神のことで、それも寛大さの表れである。例えば、旅人が水を求めると、その旅人のラクダにも十分な水を与える（『創世記』24：46）というのは客人歓待の典型的な話のひとつである。夜に沙漠を行く旅人に水や食料、休息場所があることを知らせるために、アラビア半島の内陸部ナジュド地方の丘の上に「歓待の火」を毎晩燃やし続けたハーティム・ッ=ターイー（Ḥātim al-Ṭā'ī）という伝説的人物は、寛大さを象徴する人物として、アラブ圏では誰もが知っている。

この伝説には後日談がある。そのひとつが、『千夜一夜物語』にあるもので、ハーティムが死後も霊となって旅人を歓待するという話である。また別の後日談によると、ハーティム・ッ=ターイーにはサッファーナ（Saffāna：真珠）という娘とアディー（ʿAdī：秀でた）という息子がいた。イスラーム軍が彼らの町に攻め込み、ヤギやラクダを略奪するとともに、女性たちを捕虜にした。サッファーナも捕虜になり、ムハンマドの前に連れて行かれた。ところが、サッファーナがハーティムの娘であることがわかると、ムハンマドは彼女に戦利品のすべてを返し、故郷に返した。その後、キリスト教徒であったサッファーナはアディーとともにムスリムとなりムハンマドの教友となった。

Karīm は、それ単独でも人気のある男性名となっており、対応する女性名は Karīma（カリーマ）である。比較級形 Akram（アクラム）、名詞形 Karam（カラム）、さらに Makram（マクラム：高貴な資質）は男性名として人気がある。

なお、男性名 Ḥātim の原義は「断固とした者、裁定を下す者」である。しかし、ハーティム・ッ=ターイーの名声から「寛大なる者」という意味が重なった。非常に寛大な人に対するアラビア語の褒めことばに al-karam min Ḥātim（ハーティムに勝る寛大さ）

という表現がある。このような話から、個人名 Ḥātim は、その原義が何であれ、「寛大さ」を象徴する名前として使われている。Saffāna や ʻAdī ももちろん人気のある名前である。

✹ al-Wahhāb（アル=ワッハーブ：与える者） クルアーンには「…。**あなた**の御許(みもと)から、わたしたちに御(ご)慈悲をお与え下さい。本当に**あなた**こそ、限りなく与えられる御方(おかた)（al-Wahhāb）であられます。」（Q3：8、下線は筆者）とある。同根の男性名には Wahīb（ワヒーブ：寛大に与える〔人〕）、Ihāb（イハーブ：惜しみない贈り物）、女性名には Wahība（ワヒーバ）、Hiba（ヒバ：贈り物）や Hibāt（ヒバート）などがある。

今日ワッハーブは、クルアーンやハディースを、厳格に文字通りに解釈し、純粋なイスラームを実践しようとするワッハーブ運動によって知られている。この運動は、ムハンマド・アブドゥ=ル=ワッハーブ（Muḥammad ʻAbd al-Wahhāb、1703-92）によって始められた改革運動である。同師の出身地であるナジュド地方は山岳もあり、秋から春にかけてそれなりの降雨もある。そして浅い地下水脈があるワーディーにはオアシスも多いことから、遊牧とともに小規模ながら農耕も可能であり、有力な部族が勃興した。

そのナジュド地方は、エジプトなどとは対照的に外部勢力の影響も少なく、伝統的に強い部族意識によって結ばれた最も純粋にアラブ的な生活が維持されている地域である。そのような地域で、特異な儀礼をもって神との合一を求める神秘主義的イスラーム（スーフィズム）が力をもち、迷信や聖者崇拝が流行し、各教団（スーフィー教団）の利害や部族の利害が絡んだ対立が繰り返されていた。ワッハーブ運動は、「正統」イスラームを逸脱しがちなスーフィズムはもちろん、ほかの伝統的イスラーム法学さえ否定する傾向がある厳格なイスラーム回帰運動である。

今日サウジアラビアを支配し、ワッハーブ主義イスラームを国教と定めた王家サウード家（Āl Saʻūd：Ālは「家族」の意味）は、ナジュドで武装集団としてのベドウィン諸部族を従えて彼らを「イスラームの戦士」とし、勢力を伸ばした豪族であった。この運動は、各地で変容してしまったイスラームの原点を示すことによって、イスラーム世界に強い影響を持ち続けている。

原点を忘れて多様化して抗争を繰り返すスーフィー教団間の対立が、西欧列強の植民地活動に利用されたという苦い経験や危機感が、このようなイスラーム回帰運動が支持される大きな理由となっている。最大の巡礼地であるマッカやマディーナなどイスラームの郷土を支配するサウジアラビア王家の強い支持を受けていることもワッハーブ運動の影響力の要因でもある。

今日多くのムスリムが、自分がムスリムであるという意識を鮮明に持つようになって礼拝に励み、ムスリムとしての服装や生き方を守るようになっている。またイスラーム法（シャリーア）による国家統治を目指すイスラーム主義運動が多くの国々で盛んになりつつある。その意味でワッハーブ運動は、イスラーム世界で大きなうねりとなっているこのような風潮に強い影響を与えた運動である。サウジアラビア王国とは厳しく対立するシーア派〈p. 123参照〉が主流のイランにおいても同様の風潮がある。ホメイニー革命がイスラーム主義運動の典型的な例である。スンニー派のムスリム同胞団が強い影響力を持つエジプトやほかの国々でも同様の勢力が力を得つつある。

このようなイスラーム回帰の機運は、特にクルアーンを読むことができ、ハディースが読める知識階級にまず広まった。この点で「聖書に帰れ」をモットーに広まったヨーロッパにおける宗教改革運動に通じるものがある。イスラーム回帰運動がかつて西欧列強の植民地として辛酸をなめた国々においてより顕著になり、より過激になる傾向があるところに、単なる懐古主義とか保守主義とは言えないものを含んでいる。

生きている真理と調和の光、アッラー

アッラーは、人びとを無明から光明へ導く光であり、真理である。その真理の光は生きており、人を照らし、永遠の命へと導く力を持つ。

● al-Nūr（アン=ヌール：光） クルアーンには「アッラーは、天地の光（Nūr）である。**かれ**の光を譬(たとえ)れば、燈(ともしび)を置いた、壁龕(へきがん)のようなものである。燈(ともしび)はガラスの中にある。ガラスは輝く星のよう。祝福されたオリーブの木に灯(とも)されている。（その木は）東方（の産）でもなく、西方（の産）でもなく、この油は、火が凡(ほと)んど触れないのに光を放つ。光の上に光を添える。…」（Q24：35、下線は筆者）とある。

このように光は神の象徴であり、善の象徴である。その光を心に持つ者は永遠の命を得た者である。その永遠の命こそ人びとが求めてやまないものであり、そのような命を得た者こそが他人を生かす力を持つ。

Nūr（ヌール：光）は単独で男性名としても女性名としても最もよく使われる。それに女性形語尾をつけたNūra（ヌーラ）、Nūrīya（ヌーリーヤ）は女性名として使われる。そして上記の「光の上に光を添える」という意味合いを持つNūrān（ヌーラーン：完全な光）という女性名もある。既述のNūr al-dīn（ヌール=ッ=ディーン：宗教の光）の名を持つ人物としては、ルーム・セルジューク朝で実力を蓄え、アレッポを拠点にイラク、シリアを支

サーダート大統領（1980年撮影）

配したテュルク系ザンギー朝（1127-1200）の君主（amīr）ヌール=ッ=ディーン（Nūr al-dīn Maḥmūd ibn Zangī、在位1146-74）がよく知られている。

ヌール=ッ=ディーンは第1次十字軍におけるイスラーム側の敗北後、イスラームの大義を掲げて第2次十字軍と戦った英雄である。有力なマドゥラサ（ヌーリーヤ学院）を創建するなど学問振興にも熱心で、高潔で公正な人物として初期のカリフ以来といえるほどムスリムの尊敬を集め、「聖王」とさえ呼ばれた。Nūr al-dīn はそんな彼に与えられた称号（ラカブ）であり、彼の個人名は Maḥmūd（マフムード）〈p. 141 参照〉である。サラディン〈p. 48, p. 91 参照〉は彼の信頼厚い幕僚であった。

Nūr と同根の名前として、男性名 Munīr（ムニール：輝かしい）、その女性形 Munīra（ムニーラ）がある。さらに、男性名として使われる Anwar（アンワル：より輝かしい）は Munīr の比較形であり、強調的意味を持つ。この名を持つ人物にはエジプトの元大統領サーダート（Muḥammad Anwar Muḥammad al-Sādāt、在任1970-81）がいる。ここでの al-Sādāt〈p. 123 参照〉は姓というべきものである。同大統領は、第1次石油ショックの誘因となった第4次中東戦争（1973年）後の戦争処理の一環として、エジプトとイスラエルの間の平和条約を締結してノーベル平和賞を受賞した。なお、よく似ているが、女性名として使われている Anwār（アンワール）は nūr の複数形である。

女性名 Manār（マナール：灯台）もまた Nūr と同根である。この語は、モスクに付随している塔、ミナレット（英語 minaret：

光塔）の語源にもなっている。かつては実際に火を灯して旅人などに見えるようにした。また、ミナレットの上から肉声で礼拝の呼びかけがなされた。

宇宙の王者アッラー

神は宇宙の王者であり、絶大な威力をもって悪と戦い、常に勝利して、人間を善へと導く全能者である。その神はまた、王権はもちろん、すべてを保持する者で、神が有する「富」は無限である。

クルアーンには「**かれ**こそは、**アッラー**であられる。**かれ**の外（ほか）に神はないのである。至高の王者（al-Malik）、神聖（al-Quddūs）にして平安（al-Salām）の源であり、信仰を管理し（al-Mu'min）、安全を守護なされ（al-Muhaymin）、威力並びなく（al-'Azīz）全能で（al-Jabbār）、限（かぎ）りなく尊い方（al-Mutakabbir）であられる。」（Q59：23）とある。

◆ al-Malik（アル＝マリク：王者） クルアーンには「アッラーは、いと高くおられる真の王者である。」（Q20：114）とある。新約聖書では「イエスは、ヘロデ王の時代にベツレヘムでお生まれになった。そのとき、占星術の学者たちが東方からエルサレムに来て、『ユダヤ人の王としてお生まれになった方は、どこにおられますか。わたしたちは東方でその方の星を見たので、拝みに来たのです。』」（『マタイ』2：1-2）とある。

このように、キリスト教ではイエスは「ユダヤ人の王」である。また、イエスは神の御子であり、神の意志が御子を通じてこの世に示されるというのが正統キリスト教における三位一体の考え方である。すなわちイエスはいわば世界の王ということになる。

一方、預言者ムハンマドにはそのような属性は顕著なものではなく、次章で述べる預言者ムハンマドの99の美称にもmalikはない。ブハーリー編『ハディース』によると、預言者ムハンマド自身が、「キリスト教徒はマルヤムの子イーサーを誇大に扱っているが、私を同じように扱ってはならない。私はただのアッラーの僕(しもべ)なのだから。」と言ったとされる。al-Malikは、ほかの多くの神の美称と同様に'Abdをつけて人名として使うが、malikそのものを個人名としては使うことは好ましくないと考えられている。これは、西欧では「王」を意味する英語名Kingやドイツ語名König（ケーニッヒ）、フランス語名Roy（ロイ：王）などがが姓として使われたり、時には個人名として使われたりするのと大いに異なっている。

ブハーリーの『ハディース』によると、「復活の日にアッラーが最も軽蔑されるのはMalik al-Mulūk（マリク=ル=ムルーク：王の中の王）という名を持つ男である。」とされる。すなわち、アッラー以外に真の「王」と呼べる存在はなく、まして「王の中の王」とは「われはアッラーなり」と言っているのと同じであるということである。

なお、同根のMālik（マーリク：所有者、主人）は男性名として、Malak（マラク：天使）は女性名として普通に使われる。

● al-Salām（アッ=サラーム：平和なる者） Salāmには、「平和」以外にも「健全、幸せ」という意味がある。salāmはislām（服従、帰依）と同根で、このislāmが「神への服従」という意味に使われている。クルアーンの第38章の17-20節に、ダーウードの下で全被造物が神に服従し、神を讃美し、調和がとれた平和のうちに彼の王国が繁栄する様子が記されている。「イスラーム」はalislāmの定冠詞を省いたislāmの日本語表記である。同根のmuslim（ムスリム）は「アッラーに服従する者」という意味の能動分詞で、男性名Muslimとしても使われる。女性名はMuslimaである。

このような「平和」「安寧」を願う気持ちはイスラーム教徒の日常生活のさまざまな場面で表現される。その典型的な例がアラビア語で「こんにちは」を意味するal-salām ʿalaykum（アッ=サラーム・アライクム：〔原義〕平安があなたの上にありますように）である。イスラームでは、この挨拶はアーダムが神から与えられたものであるとされている。別れの挨拶はmaʿa al-salāma（マア=ッ=サラーマ：〔原義〕平和とともに）である。

◆ al-Mu'min（アル=ムミン：信仰と平安を与える者） Mu'minは「信者」を表す。この語の複数形はカリフの称号であるAmīr al-Mu'minīn（アミール・ル=ムミニーン：信者たちの長）にも見られる。アラビア語amīrは、「司令官」とか「部族長」という意味に使われ、本来は軍事的意味合いが強く、英語admiral（艦隊の司令長官、海軍大将）の語源にもなっている。Amīr al-Mu'minīnは、聖戦（ジハード）の指揮官とか、イスラーム共同体の長という意味を持っていた。

同根の名前としては女性名Āmina（アーミナ：安全な）や、男性名Amīn（アミーン：誠実な）、Īmān（イーマーン：信頼、誠実、信仰）、Ma'mūn（マムーン：信頼できる）などがある。この語根もセム語古来の語根であり、キリスト教のお祈りの終わりに言われる言葉Amen!（アーメン！：〔原義〕本当に、確かに）は同族語である。

女性名Āminaは預言者ムハンマドの母の名前として人気がある。彼女は預言者ムハンマドが6歳の時に他界した。アーミナについては、預言者ムハンマドを妊娠している時に自分の体から光が出、その光が世界を照らす夢を見たという伝承がある。また男性名 Amīn は預言者ムハンマドの美称として人気がある。預言者ムハンマドは成人して商売に従事しはじめると al-Amīn（信頼できる人）というラカブで呼ばれていたとされる。前述の ʻArafāt al-Qudwa の al-Qudwa（模範）〈p. 36 参照〉も同じようなラカブである。

◆ al-ʻAzīz（アル=アジーズ：無敵の、威力並びなき） ʻAzīz は「強力な、尊敬される、栄誉ある」という意味の形容詞である。

インドを旅したイブン=バットゥータは、インドの王は外国人を多く高官に登用し、その高官たちを法令によって ʻAzīz（閣下）と呼ばせている、と語っている。クルアーンでは、ユースフを誘惑しようとする貴人の妻の「貴人」という意味に使われている〈p. 89 参照〉。この貴人とは最高位の高官（al-ʻAzīz）、すなわち「宰相」のことである。イブン=バットゥータが語るインドにおける ʻAzīz の使い方は、クルアーンにおける使い方に従ったものと考えられ、「大臣」を意味するものである。

なお、今日のアラビア語では、ʻazīz は、手紙などの書き始めに ʻAzīzī Dāwūd（My Dear David）とか ʻAzīzatī Fāṭima（My Dear Fatima）のように使う言葉でもあり、地位に関わらず尊敬や親愛を表す言葉として使われている。ʻAzīza（アジーザ）は女性の名前であり、Muʻtazz（ムウタッズ：誇り、力強さ）は同根の男性名である。

◆ al-Jabbār（アル=ジャッバール：全能者） Jabbār には「思いやりを持って扱う、修復する、自分の意思を強制する」などの意味がある。この語の意味領域の広さから、「強制」は無理やり何かをやらせるというよりも、神の意思の温かさとか威厳が、いやおうなしに人間を動かす力を持っていることを感じさせる言葉である。Jabbār（ジャッバール）は強調的に「巨大さ、全能」を意味する男性名でもある。

Jabbārと同根の男性名には、Jabr（ジャブル：力、慰め）、Jābir（ジャービル：力ある〔者〕、慰める〔者〕）、その愛称形Jubayr（ジュバイル）〈p. 39参照〉などがある。男性名Jibrīl（ジブリール：神は力なり）は大天使ガブリエル（Gabriel：神は力なり）にあたるヘブライ語からアラビア語に借入された形である。アラビア語を話すコプト・キリスト教は、この天使をJibrā'īl（ジブラーイール）という名で呼んでいる。

なお、イスラームでは、天使の名前を人名に使うことは、禁止事項ではないが、勧められないこととされている。したがって、天使ジブリール（Jibrīl）の名はよくある名前とは言えない。しかし、特に珍しい名前というわけでもない。これはムハンマドに神の啓示を伝えた天使としてのジブリールがムスリムにとって特に崇敬すべき存在で、例外的に人名として使われているというべきである。一方、キリスト教徒に大いに人気のある天使ミカエルのアラビア語名Mīkāl（ミーカール）はムスリムにとってはまったくと言ってもよいほど使われない。このことは十字軍時代を通じてキリスト教側の守護天使として信仰されたことに対する反発でもあると考えられる。

✹ al-Rashīd（アッ＝ラシード：正しい道を行く者） Rashīdは形容詞として、「正しく導かれた者、正しい道を行く者」という意味がある。クルアーンにはジン（精霊）たちが天に昇って神の秘められた意図を盗み聞こうとする様子が書かれている。その時ジンたちは「わたしたちは、主が地上の者に対して悪を望まれているのか、または、かれらを正しい道（rashād）に、導くことを望まれているのか知らなかった。」（Q72：10）と語り、続いて「わたしたちは導きを聴いて、直ぐにそれを信仰した。そして、主を信じる者は、恐れもなく、損うこともなく、また不正にあうこともない。」（Q72：13）と語っている。

ハールーン・アッ=ラシードを描いたハンガリーの切手

ここで言われる名詞 rashād（ラシャード：正しい道）は「清廉」とか「正直」という意味に使われ、形容詞 rashīd に対応する名詞形である。さらに、初代正統カリフ、アブー=バクルから第４代正統カリフ、アリーまでの時代を正統カリフ時代（Rāshidūn Caliphate、632-661）と言う。ここで「正統」と訳されているアラビア語 rāshidūn は「正しく導く（者）」という意味を持つ。特にイスラーム共同体の合意によって選ばれたカリフのことをいう。

Rashīd（ラシード）や Rashād（ラシャード）は単独で男性名として使われ、Rashīd に対応する女性名は Rashīda（ラシーダ）である。al-Rashīd と呼ばれる歴史上の人物にアッバース朝最盛期の王ハールーン・アッ=ラシード（Hārūn al-Rashīd、在位 786-809）がいる。

ハールーン・アッ=ラシードは隔年ごとにマッカ巡礼に行くなど、非常に敬虔なムスリムであった。また、彼の治世に都バグダードを中心にイスラーム世界は、経済的にも、宗教的にも科学的にも、そして芸術的にも大いに発展した。バグダードの人口は150万に達したとされる。

ハールーン・アッ=ラシードの時代は、西欧ではシャルルマーニュ（カール大帝、在位 768-814）の時代であり、同カリフが、フランク王シャルルマーニュから派遣されてきた友好使節を通じて同王に時計を贈ったという史実がある。シャルルマーニュのフランク王国は、スペインの後ウマイヤ朝〈p. 64 参照〉と強い緊張関係にあり、また対ビザンツ帝国に対する戦略上の観点からもアッバース朝〈p. 120 参照〉との関係を深めようとしてバグダードに使節を送ったのである。実際に 797 年から 806 年までの間にフランク王国からアッバース王朝に３度、アッバース王朝から２度使節を送って、友好的な通商関係を築く努力がなされた。

『千夜一夜物語』はハールーン・アッ=ラシードの時代に原形が出来上がったとされ、ハールーン・アッ=ラシード自身、『千夜一夜物語』の数多くの逸話に登場する。大商人で冒険好きのシンドバード（Sindbād）のような人物たちが活躍するのも同カリフの時代であると想定されている。ただ、シンドバードの話が『千夜一夜物語』に加えられたのはずっと後のことで、17 世紀ごろである。

全知全能にして英明な審判者アッラー

王者としての神は、最高の裁き手でもあり、その裁きは公正・公平である。すべてを知り尽くす英知あるアッラーはどんなことでも見逃さず、聞き逃さず、宇宙の運行を絶えず見守り、良いことも、悪いことも、監視している。そして、神は個々人のすべての善行と悪行とを計算し、天秤にかけ、その人が天国へ行くべきか地獄へ行くべきかを決める。ただその裁きは寛大で、悔い改める者には、あくまでも優しく、忍耐して待ち、この世の最後の時に皆を招集し、裁きを行うのである。

✹ **al-Ḥakīm（アル=ハキーム：英明なる者）** Ḥakīm（賢明な、

思慮分別がある、医者、賢者）は、動詞 ḥakama（判決を出す、支配する、決める、断固としている）と同根語である。クルアーンには「主よ、かれらの間に**あなた**の印を読誦させ、啓典と英知を教え、かれらを清める使徒をかれらの中から遣わして下さい。本当に**あなた**は偉大にして英明な方（al-Ḥakīm）であられる。」（Q2：129、下線は筆者）とある。

Ḥakīm と同根の言葉は、社会的公正を保つための制度や、スポーツそのほかのルールを守るための審判など、いろいろな分野で使われている。例えば、ḥukm（フクム）は「法的な決定」や「有罪判決」と言う意味に使われ、ḥakam（ハカム）は、「調停者」や「レフリー」という意味に使われる言葉である。ḥukūma は「政府」という意味である。Ḥakīm はそれ単独で男性名としても女性名としても使われる。同根の Ḥikma（ヒクマ：知恵、先見の明）は女性名である。

✸ al-ʻAlīm（アル=アリーム：全知者） ʻAlīm は「知っている、認識している」という意味を持つ。クルアーンには「東も西も**アッラー**の有であり、あなたがたがどこを向いても、**アッラー**の御前にある。本当に**アッラー**は広大無辺にして全知（ʻalīm）であられる。」（Q2：115）とある。男性名 ʻAllām（アッラーム：通暁している）や普通名詞 muʻallim（ムアッリム：先生、師匠）は同根であり、al-Muʻallim（アル=ムアッリム）は称号や姓として使われる。ʻulamāʼ（ウラマー：イスラーム法学者）は ʻalīm の複数形である。

イスラームにおけるウラマーは、イスラーム的か非イスラーム的かを個人或いは集団で判断する立場の指導者で、宗教的にも政治的にも大きな権力をもってイスラーム社会を指導する立場にある。例えば、イランのイスラーム革命を指導したホメイニー師はウラマーである。今日でもイランの最高指導者は大統領ではなく、ウラマーのハーメネイー師（ʿAlī Ḥoseinī Khāmeneʾī、在位1981- ）である。また、一般選挙で選ばれた現大統領ロウハーニー大統領（Ḥasan Rowḥānī、在任 2013- ）もウラマーで、ニスバ形の名前 Rowḥānī は rowḥān（神の息、霊魂、天使、精神）を意味する言葉であり、ホメイニー師の称号アーヤトゥ=ッラー（Āyat Allāh：神の徴）の下位の高位ウラマーの称号として使われている。

✹ al-Samīʿ（アッ=サミー：全聴者） Samīʿ は、「聞く者」という意味を持つ。クルアーンには「主よ、**あなた**の御許から、無垢の後継ぎをわたしに御授け下さい。本当に**あなた**は祈りを<u>御聞き届け下さいます</u>（samīʿ）。」（Q3：38、下線は筆者）とある。これは預言者ザカリーヤーが、自分に男児が授かりますようにと祈ったことばである。この祈りに神が応えられ、ザカリーヤーはヤヒヤー（Yaḥyā：洗礼者ヨハネ）を授かるのである。

また、イブラーヒームが老いて後継ぎが生まれないので祈るとアッラーはそれを聴き入れられてイスマーイール（Ismāʿīl）を授かる。この名に対応するヘブライ語起源の英語名 Ishmael の原義は「神は聴きたまえり」である。さらに西欧人名の Simon（シモン）や Simeon（シメオン）の原義の「聞く、聴く」であり、同族語である。

第3章

預言者たちの系譜

——アーダムからムハンマドまで——

預言者ソロモンの伝令ヤツガシラ
（吉村利之撮影）

イスラームでは、神がムハンマドを選び、天使ジブリールを通じて啓示を伝えて預言者とし、使徒とした。その啓示がクルアーンとして今日に伝わっている。クルアーンでは、イーサー（イエス）が「イスラエルの子孫たちよ、本当に私は、あなたがたに（遣わされた）**アッラー**の使徒で、私より以前に、（下されている）律法を確証し、またわたしの後に来る使徒の吉報を与える。その名前はアフマドである。」（Q61：6）と言う。

このことから、イスラームは、一神教を育んだシリアからアラビア半島にかけてのセム的文化の伝統のなかで醸成された宗教であることがわかる。この啓示は、すなわち、イーサーの後に預言者ムハンマドが現れること、ムーサー（モーセ）に与えられた「律法」（トーラー）の伝統は、イーサーを経てムハンマドへと継承され、それがイスラームの律法（シャリーア）の基となるべきことを述べたものである。

「ユダヤ・キリスト教を改革・改善した宗教」を自認するイスラームにおける預言者は、旧約聖書や新約聖書に登場する預言者と重なるものが多い。事実、クルアーンに明記されている25人の預言者のうち、聖書に登場しない預言者はフード、サーリフ、シュアイブ、ムハンマドの4人で、残り21人が共通の預言者たちである。その21人の預言者のすべてがユダヤ・キリスト教の預言者の性格づけに加えてイスラーム的な解釈がなされている。

預言者たちの名前のすべてが人気のある人名として使われている。クルアーンにはっきりと名前が挙げられている預言者の時代順はほぼAppendix Ⅲの系譜の通りである。本章は、25人のうち特に重要な預言者について、ユダヤ・キリスト教とイスラームとを比較し、それらの名前の人気の理由を解説するものである。

預言者の名前が持つ祝福力

預言者たちは特別な祝福力（バラカ）を持っている。バラカとは神の聖なる力に由来する霊的な力のことである。バラカは日常の様々な活動に実りをもたらすもので、それは子孫にも及ぶと考えられている。そして、預言者の名前で呼ばれることによって人はその祝福に恵まれるとされ、預言者ムハンマドも、預言者の名前を子供につけることを薦めている。中でも最も祝福力を持つと考えられるのが最後の預言者ムハンマドの名前である。

神の名前をみだりに口にすることはタブーである。旧約聖書でも前述の通り「あなたの神の、主の名前をみだりに唱えてはならない」とある。キリスト教徒の場合、神の子であるイエスの名を自分の子の名とすることはない。しかし、イスラームでは最も重要な預言者の１人とされるイーサーは、神でも神の子でもなく、その名は、人名として人気がある。

預言者ムハンマドを「最愛の預言者ムハンマド」と呼ぶことが多い。そして、ムハンマドを表す名前は、クルアーンやハディースに基づいて数えられないほどあると考えられていて、アッラーの 99 の美称に倣って預言者ムハンマドにも 99 の美称と称するものがある。南アジアなどでは、クルアーンの表紙の内側にアッラーの美称が印刷され、裏表紙の内側にムハンマドの美称が印刷されていることが多い。

アーダムからイーサーまで

●赦されたアーダム（Ādam） 旧約聖書ではアダムは神が造られた最初の人間であり、男性である。しかし、彼は神の言いつけにそむくという罪を犯し、楽園を追われる。そしてアダムは 930

歳まで生きたが楽園に帰ることは許されず、アダムの子孫としての人間は必然的にアダムの神に対する不従順という罪を背負うことを運命づけられている。それが「原罪」である。人はアダムに下された啓示に従って生き、楽園への復帰を目指すことを運命づけられている。

新約聖書では、イエスは愛をもって人間の原罪を背負って磔刑に処される。そして、3日後に永遠の命を得て復活し、人間の救済を父なる神に取りなす。人はそのイエスを心から信じることによって救われ、天国に行けるのである。

イスラームでは、最初の人間アーダムは神の代理（khalīfa：カリフ）として地上に派遣された預言者である。アーダムとハウワー（Ḥawwā'：旧約聖書のイヴ）はシャイターン（サタン）のリーダー、イブリースにそそのかされ、罪を犯す。しかし、「その後、アーダムは、主から御言葉を授かり、主は彼の悔悟を許された。」（Q2：37）とあり、アーダムとハウワーは罪を赦された後、神の慈愛を胸に、地上に送られるのである。

そのようなわけで、寛大な神に許されたアーダムの子孫たる人類には原罪は存在しないと考えられている。クルアーンには「それぞれの魂は、その行ったことに対し、（アッラーに）担保を提供している。」（Q74：38）とある。すなわち、人間は、生まれた時は無垢であり、生きる過程での良い行いは神への貸し、悪い行いは神からの借りで、最後の審判では、善行と悪行とが天秤にかけられ、善行がまさった者が神によって楽園へ送られるというわけである。人間は最後の審判によって神に天国へ行くことが許されるように心しながらこの世を生きなければならない。

✿はじめて筆を使ったイドゥリース（Idrīs） イドゥリースは、伝統的に旧約聖書に登場するエノク（Enoch）と同一視されている預言者である。エノクについて旧約聖書は「神と共に歩み、神に取られたのでいなくなった」(『創世記』5：24) と書かれている。すなわち彼は神をどこまでも信じた人物で最後には神に召されて天国へ入ることを許された人物である。同じように生きたまま天に召されたと考えられているのが、イスラームの大預言者として位置づけられているイーサー〈p. 94 参照〉である。ただ、イドゥリースは地上で没した後に、天国に召されることになっている。

Idrīs はアラビア語動詞 darasa（学習する）と関係づけられ、「(神秘を) 解釈する者」がこの名の意味であると考えられている。また預言者イドゥリースは人類ではじめて筆（qalam：カラム）を使ったとされる。

クルアーンの第 68 章は「筆章」(al-Qalam) という題名がついている。その qalam は、天地が創造される前に創造されたものである。クルアーンの 21 章「預言者章」には「天と地は、一緒に合わさっていたが、**われ**はそれを分けた。そして水から一切の生きものを創ったのである。」とある。伝承によると、神はまずカラムを創造し、神が行うことをすべて記録するようにと語る。そして、水を創造し、次に自分の玉座を創造し、その次に天地を創造した。

✹アラブの預言者サーリフ（Ṣāliḥ） 預言者サーリフはクルアーンの 7 章の 73-79 節などに登場するアラブ系のサムード (Thamūd) の民の義人である。クルアーンにおけるサムードの民は、アカバの南東に住んでいた部族であるとされ、ペトラを築いたナバティア人とは違うとされる。しかし、クルアーンの記述からは、隊商貿易で繁栄したナバティア人とサムードの民とに互いに通じるものを感じることができる。ペトラ遺跡にその繁栄ぶりをしのぶことが出来るナバティア人は、アラビア半島西北部に王国を建て、最盛期には今日のヨルダンからイスラエルの南部、シナイ半島に至る地域を支配した。しかし、そのナバティア人は地震による破壊やローマの侵略などにより終焉を迎えることになる。

クルアーンにおけるサムートの民は、物質的豊かさに慣れるにつれて敬虔さを失い、神の道から離れていく。預言者サーリフがアッラーに帰依するように同胞を説得する。しかし、彼らはサーリフの説得に従わず、彼が預言者であることのしるしとして岩から出したアッラーの雌ラクダを殺したために、サムード王国は大音響とともに滅ぼされてしまうのである。

Ṣāliḥ は「正しくある者、敬虔である者」という意味を持つ。Ṣāliḥa（サーリハ）は女性名であり、Ṣalāḥ（サラーフ）は同根の名詞 ṣalāḥ（正義、公正）が語源である。サラディン（Saladin）として知られるアラブの英雄のアラビア語名は Ṣalāḥ al-dīn（サラーフ=ッ=ディーン）〈p. 48, p. 91 参照〉である。

✺預言者の父イブラーヒーム（Ibrāhīm）　旧約聖書の『創世記』に登場するアブラハムのことである。クルアーンの 14 章は「イブラーヒーム章」と呼ばれ、同章ではイブラーヒームが、自分の子孫が唯一の神を信じる民になるように神に祈ることばが綴られている。

イブラーヒームはヘブライ語では、旧約聖書の記述に従って、原義は「大勢の父」と解釈されている。しかし、イスラームではクルアーンの記述に従って「彼らからの自由」がその名の意味であるとされている。「彼ら」とは先祖からの慣わしに従って偶像を崇拝する自らの民のことで、イブラーヒームは彼らの慣わしに縛られずに唯一神アッラーに従った者、という意味である。このようなイブラーヒームは、自分の出身部族であるクライシュ族の強い抵抗を受けながらイスラームを説き続ける預言者ムハンマドの姿そのものである。

ユダヤ教、キリスト教、イスラームは、イブラーヒーム（アブラハム）の宗教であると言われる。クルアーンの第３章「イムラーン家章」67節では「イブラーヒームはユダヤ教徒でもキリスト教徒でもなかった。しかしかれは純正なムスリムであり、多神教の仲間ではなかったのである。」と記されている。イムラーンとはムーサーとハールーンの父親の名前でもあり、同家の系統からイルヤース（エリア）やアルヤサア（エリシャ）などの預言者が輩出している。同家はヤアクーブ、イスハーク、イブラーヒームを経てアーダムにさかのぼる家系でもある〈Appendix Ⅲ参照〉。イブラーヒームは、ムスリムの間で伝統的に、「預言者たちの父」、「最初に一神教を唱えた預言者」として特に尊崇されている。

イブラーヒームはまた「客人たちの父」（Abū al-Ḍīfān：アブドゥ=ッ=ディーファーン）という尊称（クンヤ）で呼ばれることがある。伝承によると、イブラーヒームはマッカの山の頂上で火を燃やし、食料や飲料があることを知らせて旅人を招き入れた。そして、旅人とでなければ何日間も食事をしなかった。これは前述のハーティム・ッ=ターイーの逸話〈p. 67参照〉に似たもので、沙漠地帯での巡礼などの旅がいかに苦労の多いものであったかを示すとともに、客人接待の真髄を語るエピソードである。

✹カアバ神殿の建設者イスマーイール（Ismāʿīl） 旧約聖書にはイシュマエル（Ishmael）として登場する。『創世記』によると、イシュマエルは、アブラハムと、妻サラの奴隷女であるエジプト人女性ハガル（アラビア語ではハージャル）との間に生まれた男児である。旧約聖書ではアブラハムの神への忠誠の証としてイサ

カアバ神殿（ヌーシュ・アファリン・ミールザーハリリ撮影）

クが犠牲として神に捧げられそうになるが、イスラームではイブラーヒームはイスマーイールを犠牲として捧げる決意をすることになっている。

ハージャルとイスマーイールが沙漠を放浪するのは旧約聖書と同じである。しかし、イスラームでは２人は、カアバ神殿を建てるというアッラーの神意により沙漠を放浪する運命を与えられる。やがて、心配になったイブラーヒームが彼らを探しに来てマッカで２人を見つける。そして３人はマッカに定住し、イスマーイールはその地の部族の女性と結婚して「アラブ人の祖」と仰がれるようになるのである。

マッカのカアバ神殿はイブラーヒームとイスマーイールが建設したとされる。またカアバ神殿の傍にあるザムザム（Zamzam）の泉は、ハージャルがイスマーイールのために水を求めてさ迷っている時に、天使が降りてきて、翼で地面をたたくと湧き出してきたものとされる。巡礼者はこの泉の水で喉を潤し、その水を故郷へ持ち帰るという慣わしがある。巡礼者はまた死に装束となる白い布をザムザムの泉の水に浸して持ち帰る。

なお、イスマーイールにはアドナーン（ʻAdnān）とカフターン

(Qaḥṭān）という名の２人の息子があり、アドナーンの子孫は北アラビアに勢力を持つようになり、カフターンの子孫は南アラビアに勢力を持つようになる。預言者ムハンマドはアドナーンに繋がる血筋である。ʻAdnān、Qaḥṭān は、ともに人気のある人名として使われている。

✹完全無欠の美男ユースフ（Yūsuf） 旧約聖書の『創世記』でヨセフ（Joseph）について書かれた章は 37 章〜50 章と長く、クルアーンでも第 12 章は主として預言者ユースフについて書かれた章であることから「ユースフ章」と呼ばれている。ユースフはイスラエルの民の祖とされるヤアクーブの 12 人の息子の下から２番目である。クルアーンではアッラーが「物語の中でも最も美しいものを語ろう。」（Q12：3）と言ってユースフの話を始める。

ユースフが父ヤアクーブに特に愛されているのを知った兄たちが、彼を井戸に閉じ込めてしまう。しかし、ユースフは旅人に救われてエジプトに売られ、優しい貴人〈p. 75 参照〉に奴隷として買われる。そして、彼の美男ぶりゆえに主人の奥方の誘惑を受ける。もとより敬虔で神を畏れるユースフは、奥方の誘惑を退ける。

その後、婦人方がユースフと奥方との関係を噂する。すると奥方は、ユースフを彼女たちに紹介した。ユースフを紹介された婦人方は、ユースフの美しさに「**アッラー**の（造化の）完全無欠なことよ、これは人間ではない。これは貴い天使でなくて何でしょう。」（Q12：31）と叫び、彼女たちもユースフに抗しきれない魅力を感じた。そのことを知ったユースフは、自堕落な生活に陥るよりはと、自ら投獄されるのである。

ところが、神のはからいで、共に投獄されていた若者の夢を解いた。それが縁で、ユースフはファラオの夢を解くことになる。おかげでエジプトは危機から救われ、ユースフは王の財庫管理人に取り立てられる。その後、ユースフの民は順調に増え、ついにはファラオも無視できない勢力となり、その民がムーサーに導かれてエジプトを脱出することになるのである。イスラームではユースフは、真実の人（Ṣiddīq：スィッディーク）と呼ばれ、ムスリムの理想像として敬愛されている。

なお、旧約聖書にも、クルアーンにもユースフを誘惑しようとした女性の名前はない。しかし、伝承によってその女性の名はズライハー(Zulaykhā）であるとされる。彼女はクルアーンにもあるように、後に真摯に悔い改め、浄化された女性となるのである。そして彼女の名前 Zulaykhā もムスリム女性の人気のある名前となっている。

✸忍耐の模範アイユーブ（Ayyūb） アイユーブは旧約聖書の『ヨブ記』に登場するヨブ（Job）のことである。ヨブは、無垢で、神を畏れ、悪を避けて生きていた国一番の富者であった。ところがある時、不幸が襲い天から神の火が降ってすべてを失うことになった。そんな時にもヨブは神を恨んだりせず、「わたしは裸で母の胎を出た。裸でそこに帰ろう。主は与え、主は奪う。主の御(み)名(な)はほめたたえられよ。」（1：21）と言って、理不尽な不幸を受け入れるのである。このことからヨブは信仰をもって苦悩に耐える者の象徴として敬愛されることになる。

クルアーンの6章「家畜章」の84節には、アイユーブがイブラーヒームの子孫であることが書かれ、38章「サード章」44節には「**われ**はかれが良(よ)く耐え忍ぶことを知った。何(なん)と優(すぐ)れたしもべではないか。かれは（主の命令に服して）常(つね)に（**われ**の許に）帰った。」と書かれている。旧約聖書でもクルアーンでも、アイユーブの神への信頼が揺るぎないもので、忍耐強く不幸に耐える姿が強調されている。ラクダのことを Abū Ayyūb（アブー=アイユーブ）という。それはラクダが過酷な沙漠の旅でも課された責務を従順に忍耐強く果たすことを象徴的に意味するクンヤである。

サラディン〈p. 48 参照〉がエジプトを中心にして築いた王朝をアイユーブ朝（1171-1250）という。サラディンのアラビア語名はṢalāḥ al-dīn Yūsuf ibn Ayyūb であり、この王朝の名前は彼の父でクルド人の Ayyūb にちなむものである。

緑の男に導かれるムーサー（Mūsā） クルアーンにおけるムーサーは、奴隷として苦しい生活を強いられていたイスラエルの民をエジプトから導き出し、神よりトーラー(モーセの五書であり、律法とも呼ばれる）を授かったモーセ（Moses）のことである。ムーサーの時代のファラオとは誰であったかということがしばしば話題になるが、エジプト史で最大の王ラムセス２世（在位1279BC-1213BC）とされる。クルアーンの 20 章「ター・ハー章」や 28 章「物語章」はそのことを前提に語られている。イスラームではヌーフ、イブラーヒーム、ムーサー、イーサー、ムハンマドは預言者のなかでも特に偉大な大預言者である。

ファラオの王子として育てられたムーサーが神の啓示を受け、啓示を受け入れないファラオの迫害を受けて苦難の末にエジプトを脱出する。これはマッカでクライシュ族のムスリムに対する迫害が頂点に達し、マディーナへ脱出するムスリムと重なるものである。

ムーサーについては、神の従者アル=ヒドゥル（al-Khiḍr：緑の男）〈p. 8 参照〉に導かれて旅をして、アル=ヒドゥルの一見不可解な行動を通じて神の深慮を知る話がある（Q18：60-82)。アル=ヒドゥルはムーサーにいろいろと試練を与えて彼の忍耐を試す人物である。この天使とも、聖者ともされ、さらに地上の楽園の支配者であるとされるアル=ヒドゥルは、本来、肥沃で緑豊かなカナン地方にあった豊穣伝説上の人物の名前でもある。

アル=ヒドゥルは、キリスト教の聖人ゲオルギウス（St. George）と似た存在でもある。その George の原義は「農夫」であり、メソポタミア神話ギルガメッシュの農夫王エンキドゥ（エンキムドゥ）の影響が感じられる。エンキドゥはレバノン杉を護る火を吹く怪物フンババを征伐する。「乳と蜜が流れるところ」カナンを目指したムーサーの話には中東における豊かな豊穣神話が色濃く反映している。聖ゲオルギウスが白馬の騎士として異教徒を苦しめ、地上の悪を苦しめるというのは十字軍時代にヨーロッパに持ち込まれた伝説である。

✹地上の代理者ダーウード（Dāwūd）　ダーウードは、旧約聖書に登場する理想王ダビデ（David）のことである。ダビデは統一イスラエル王国の２代目の王であり、イスラエルを繁栄に導いた偉大な王である。優れた戦士であるとともに、音楽をよくし、詩人でもあった。『詩篇』の多くがダビデ自身の作であるとされる。イエス・キリストはダビデの直系の子孫である。

ダーウードは、神に選ばれてイスラエルの王になり、その子スライマーンも神に選ばれて智慧を与えられる。クルアーンには「ダーウードよ、**われ**はあなたを地上の代理者（khalīfa：カリフ）にした。だから人びとを、真理によって裁き、私欲に従って、**アッラー**の道から踏みはずしてはならない。**アッラー**の道から迷う者は清算の日を忘れた者で、必ず厳しい懲罰にあう。」（Q38：26）とある。

ダーウードは最も光り輝く人物とされ、アッラーから啓示として『詩篇』を賜るのである。さらに、そのダーウードは鳥や野獣と会話ができ、特に甘美な音楽で彼らを魅了した。先に大預言者を５人挙げたが、ダーウードやアーダムも大預言者と称される。

✸すべての被造物のことばを解すスライマーン（Sulaymān）

スライマーンは、ダーウードとともにアッラーから叡智を授かった人間のなかで最も優れた知恵者である。それだけではなくスライマーンは特別な恩寵に恵まれており、他の被造物の言葉を理解する能力を持つ。彼はダーウードを継ぐとすぐに軍勢を召集する。その軍勢はジン（精霊）、人間、鳥からなり、きちんと部隊に編成されていた。その鳥の一羽が渡り鳥のヤツガシラである。ヤツガシラはサブア（シバ）の高慢な女王ビルキース（Bilqīs）の情報をもたらす。

そのサブアの女王がスライマーンの智慧を試そうとやってくる。すると啓典を知る男が、ジンの魔法の技よりも速く、サブアの女王の玉座をもたらした。スライマーンはその玉座の装いを少し変えさせ、それを女王が見破られるかどうかを試す。結局女王は自分の玉座の変化さえ見破ることができない。そんなこともあって、太陽を信仰していたビルキースは、神の恩寵による栄光に満ちたスライマーンに完敗し、アッラーに帰依することになるのである（Q27：22-44）。ここで言う「啓典」とはアッラーのメッセージのことで、ムーサーの「トーラー(律法)」、ダーウードの「詩篇」などを意味するものである。

Sulaymān は Salmān（サルマーン）の愛称形である。後者も一般的に使われる名前で、Salām（平安）、Islām（イスラーム）、Muslim（ムスリム）などと同根である。

この名を持つ歴史上の人物には、オスマン帝国最盛期のスルタン、スレイマン１世（Süleyman Ⅰ、在位 1520-66）がいる。スレイマン１世については、イスタンブルのスレイマン・モスクの威容を見れば同スルタンの栄華がよく偲ばれる。統一イスラエルの

スレイマン１世の肖像画
（ロンドン、ナショナル・ギャラリー所蔵）

３代目の王ソロモン（Solomon、在位 971?BC-931BC）はソロモン神殿と呼ばれる壮麗なヤハウェの神殿を建設した。ユスティニアヌス大帝は、ソロモン神殿を超えたと豪語したアヤ・ソフィヤを建造した。そして、スレイマン１世の願いは、アヤ・ソフィヤを超えるものを建てることであった。

なお、スルタン（アラビア語 Sulṭān：スルターン）は、セルジューク・トルコの支配者の称号としてアッバース朝のカリフから与えられたものである。以後、カリフに替わって実質的権力を掌握する支配者の称号として使われるようになり、次第に個人名としても使われるようになった。

●神隠しにあったイーサー（'Īsā）　イーサーは新約聖書のイエス（Jesus）のことである。正統キリスト教ではイエスは神の子であり、「イエスは神のロゴスである」と言われるように、イエス自身が神の啓示であるとされる。すなわち、イスラームではクルアーンが預言者ムハンマドに下された啓示であるのに対して、新約聖書の福音は、啓示としてこの世に贈られて来たイエスのメッセージであり、その中心となるのは人類の原罪を背負って死んでいくイエスと、死して永遠の命を得たイエスの復活である。

イスラームでは、預言者イーサーは神に召されて天に昇ったのであり、十字架で処刑されて埋葬されたとは考えない。クルアーンには、いろいろと不義なことをするユダヤ人が「わたしたちは**アッラー**の使徒、マルヤムの子マスィーフ（メシヤ）、イーサーを殺したぞ」と言うとか、「だがかれらがかれ（イーサー）を殺したのではなく、またかれらがかれを十字架にかけたのでもない。只（ただ）かれらにそう見えたまでである。」（Q4：157）とあり、また「いや、**アッラー**はかれを御側（おそば）に召されたのである。」（Q4：158）とある。そして、実際に磔刑によって殺されたのはイーサーを裏切ったイフーザー（Yihūdhā：ユダ）であるというのが一般的に受け入れられているイスラームの見解である。

そのようなわけで、イスラームにおいては真の十字架というものは存在しない。イエスが３日後に復活して弟子たちの前に現れるというようなこともありえないと考えられている。ただ、神のそばに召されたイーサーは最後の審判の前にこの世に帰り、審判に立ち会い、ユダヤ人など不義を行った人びとに不利な証言をし、十字架を自ら打ち壊すと信じられている。イエスの死を否定し、十字架を否定し、イエスの復活を否定するということは、イスラームとキリスト教との最大の相違を意味するものである。

イスラームにおけるイーサーは、福音を啓示されたことになっており、トーラーを啓示されたムーサー、詩篇を啓示されたダーウード、クルアーンを啓示されたムハンマドとともに、大預言者・使徒として崇敬されている。しかし、イーサーは神の子ではない。親もなく子もない唯一絶対のアッラーを信仰するイスラームでは、神の子なるものは受け入れられない。したがって、敬愛すべき預言者イーサーの名前は、ムーサー、ダーウード、ムハンマドなど同じように個人名として頻繁に使われている。

預言者ムハンマドの美称

預言者ムハンマドは最後の預言者で、イスラームの完成者である。実際には、預言者ムハンマドは、イスラームの創始者であり、イエス・キリストはキリスト教の創始者である。２人はいろいろな意味で大きく異なっている。イエスは神の子であり、湖を歩いて渡ったり、病気を治したり、死者を生き返らせたりするなど、様々な奇跡を行う。そのイエスがセックスをすることなどはありえない。

しかし、ムハンマドは妻と同衾する普通の男性であり、キャラバンに参加して旅をする商人であり、軍勢を率いて敵と戦う軍略家でもある。ブハーリー編『ハディース』によると、彼の妻アーイシャが「預言者と私は性交によって穢(けが)れているとき、同じ一つの器の水で体を洗うのが常でした」（牧野信也他訳）と語った、というような、何とも言えずリアリズムを感じさせる伝承も残されている。このようなムハンマドは神の使徒であり、預言者で、理想的な人物として敬愛されてはいるが、ごく普通の人間でもある。ムハンマドは継ぎの当たった衣服を着ていることがあり、一般の人たちに混じっていると預言者ムハンマドとは気がつかれなかったという伝承は、そのことを強調するためのものである。ムハンマドのこの実在感、現実感が、一般の人びとには親しみやすく、それ故に強い敬愛の対象となり、人びとをイスラームへと引きつける強い力となった。

アッラーの 99 の美称〈Appendix Ⅱ参照〉に倣って、預言者ムハンマドにも 99 の美称と称するものがある。神秘主義的傾向の教団ではムハンマドの 99 の名前には祝福力があると考える。そして、宗教的な集会や儀式で、預言者ムハンマドの祝福や神へのとりなしを願ってそれらを詠唱する。個人が朝や夜のお祈りなどの後にそれらを詠唱すると、いろいろな苦悩や危害に見舞われずにすむと信じられている。しかし、「正統」イスラームでは、預言者ムハンマドはあくまでも神の僕であると考える。したがって、ムハンマドが神秘的な力を持ち、神に近い存在かのように崇拝し、恩寵を願って99の名前を詠唱するのはクルアーンに背くと考える人が多い。

神に選ばれた最高の人間

預言者ムハンマドの99の美称についてはいろいろなバージョンがあり、その名前や順番については標準化されていない。しかし、大抵の場合、Muḥammad（ムハンマド）、Aḥmad（アフマド）、Ḥāmid（ハーミド）、Maḥmūd（マフムード）がはじめにあげられている。これらは動詞 ḥamida（称賛する）と同根の名前である〈p. 141 参照〉。

エジプトを旅行していて、いろいろな用事で名前を呼び合っている声をよく聞いた。それらの中で特に多いのが Aḥmad、Maḥmūd、Muṣṭafā（ムスタファー：〔神に〕選ばれた者）などである。ナイル川クルーズの船の船長が Maḥmūd であり、シェフも Maḥmūd であった。バスの運転手が Aḥmad であり、レストランのボーイが Muṣṭafā であった。これらはすべて、非常に人気のある預言者ムハンマドの美称である。

Muṣṭafā は Muḥammad、Aḥmad などに次いで人気のある男性名で、必ずベスト・テンに入る。原義は「（神に）選ばれた（者）」で、al-Muṣṭafā（アル=ムスタファー）は預言者ムハンマドの称号である。ムハンマドは最後の預言者としてアッラーに選ばれた者である。キリスト教ではパウロが同じ意味の称号で呼ばれることがある。実際に預言者ムハンマドはキリスト教におけるパウロのような役割を果たした。パウロは神の子イエスの言葉を人びとに伝え、預言者ムハンマドはアッラーの言葉を人びとに伝えた。

Muṣṭafā と同根の名前には、女性名 Ṣafā'（サファー：純粋、誠実）や Ṣafīya（サフィーヤ：最上の者、親友）、男性名 Ṣafwat（サフワト：最上の者）などがある。

正しく導かれ、正しく導く神の僕（しもべ）

前述の通り〈p. 60参照〉、ʻAbd Allāh（アブドゥ=ッラー）は「神の僕（しもべ）」という意味の名前である。イスラーム教徒を意味するMuslim自体が「神への服従者」という意味を持つことから、ʻAbd Allāhは「ムスリム」を意味する名前であるとも言える。それと同じ意味で預言者ムハンマドもʻAbd Allāhという別名、すなわち美称を持っている。

預言者ムハンマドが神の僕（しもべ）であり、「（神意に）導かれた者」であることを意味する美称にMahdī（マフディー）がある。この美称は、神の美称al-Hādī（アル=ハーディー：導く者）の受働形に当たる。すなわち、神が導き手であるのに対して、預言者ムハンマドは神に導かれた過つことのない者であるという意味の美称である。al-Mahdī（アル=マフディー）は、特にこの世での善と悪の戦いでどうにも善が機能しなくなった時に現れてこの世を治め、平和と正義を達成する「救世主」という意味に使われている。

al-Mahdīは、しばしば、圧政下や非常な混乱の中に現れる。その良い例がファーティマ朝を創設したウバイドゥ=ッラー・アル=マフディー（ʻUbayd Allāh ibn al-Ḥusayn al-Mahdī、在位909-934）である。ウバイドゥ=ッラー・アル=マフディーは、フサイン（al-Ḥusayn）の血を引く人物であるとされ、アッバース朝の衰えとともにアル=マフディーの先駆者を名乗って勢力を拡大していった。

またひとつの例にスーダンのムハンマド・アフマド（Muḥammad Aḥmad（1845-85））がいる。彼はエジプトのムハンマド・アリー朝がスーダンを植民地化し、厳しい圧制を敷いた時に、アル=マフディーの代理を名乗ってエジプトに対する反乱を指導したスーフィーである。イギリスがエジプトとの共同統治という名目の下に植民地政策を続けると、彼はイギリスに対して戦いを挑んだ。アメリカとイギリスの合作映画 *The Four Feathers*『サハラに舞う羽根』(2002年)は、そのマフディーの反乱を題材として描かれた物語(原作は1902年)を映画化したものである。同映画では当時の英国帝国主義の傲慢さや非情さとともに、戦争の悲惨さ、そしてその中でも芽生えるイギリス人とスーダン人の友情、若い戦友同士の友情がよく描かれている。

神の属性に似た美称を持つ預言者ムハンマド

神の眼鏡にかなう最も理想的な人間である預言者ムハンマドの美称は、当然のことながら、神の美称に近いものが多い。預言者ムハンマドの99の美称のうち、Raḥīm(ラヒーム:慈愛あふれる者)〈p. 63参照〉のようにアッラーの美称 al-Raḥīm の al を取り去っただけのものが多くある。定冠詞 al がついた美称は最高の者を表し、唯一絶対の者を表すが、al がなければ人間の名前となりうるわけである。

人間の名前としては肯定的な意味を持つものが好まれるのは当然なことであり、そのような意味を持つ預言者ムハンマドの美称は一般の人びとの名前として人気があるものが多い。それらのうちで特に人気のある名前には、Rashīd(ラシード:良く導かれた者)、'Azīz(アズィーズ:高貴な者、親愛なる者)、Ra'ūf(ラウーフ:〔特に〕慈悲深い)、Karīm(カリーム:寛大なる者)、Ḥakīm(ハキーム:賢明なる者)、'Adīl(アディール:公平なる者)などがある。

そのほか、預言者ムハンマドの美称のうち、人気のある名前には、Bashīr（バシール：良き知らせをもたらす者）、Naḍīr（ナディール：神に捧げられた者）、Murtaḍā（ムルタダー：満ち足りた者）、Ṭayyib（タイイブ：良き者）、Nāṣir（ナースィル：援助者、勝利者）、Ḥāfiẓ（ハーフィズ：守護者）〈p. 51 参照〉、Manṣūr（マンスール：神に助けられた者、勝者）、Miṣbāḥ（ミスバーフ：灯明）、Amīr（アミール：第一人者）、Kāmil（カーミル：完全なる者）、Ṣādiq（サーディク：誠実なる者）、Amīn（アミーン：信頼に値する者）、Sayyid（サイイド：主）、Sirāj（スィラージュ：灯明）、Munīr（ムニール：輝く者）、Mukarram（ムカッラム：栄誉ある者）、Khalīl（ハリール：良き友）、Jawwād（ジャウワード：〔求められれば与える〕寛大なる者）などがある。Miṣbāḥ と Sirāj は類義であるが、前者は星や月など「火」がないと考えられる光を意味し、後者はランプ、太陽など、燃えている物質から出る光であるとクルアーンに書かれている（Q67：5、Q71：16）。

預言者ムハンマドの美称には Muḥammad と似たような響きの名前も幾つかある。Muḥarram（ムハッラム：侵されない者）や Mukarram（ムカッラム：栄誉を授けられた者）、Muṭahhar（ムタッハル：清められた者）などがその例である。これらは、アラビア語文法上はある種の受動形（受動分詞）である。

これに対して、よく似た形ではあるが、Muṣaddiq（ムサッディク：信頼する者）、Mubashshir（ムバッシル：よき知らせをもたらす者）、Mudhakkir（ムザッキル：〔神を〕思い出させる者）は能動形（能動分詞）である〈p. 145 参照〉。

預言者ムハンマドの神秘的な名前

クルアーンはアッラーが大天使ジブリールを介してムハンマドに語りかけられた啓示である。そのクルアーンには、意味は不明であるが、アッラーが語りかける対象である預言者ムハンマドを指すと考えられるものが幾つかあり、それらが預言者ムハンマドの 99 の美称に含まれている。例えば、男性名 Ṭāhā（ターハー）は、クルアーン 20 章「ター・ハー章」の冒頭の言葉 ṭā'hā'（ター・ハー）に由来するものである。これはアラビア語の 2 文字 ط（ṭā'）と ه（hā'）とを合わせただけのものあり、その意味は不明である。また、クルアーン 36 章は「ヤー・スィーン章」と呼ばれるが、これも類似の神秘的な文字の名前の連続 yā' sīn（ヤー・スィーン）が、その第 1 節にあることによる。この章題も男性名 Yāsīn（ヤースィーン）として使われている。

「ター・ハー章」について次のようなエピソードがある。ウマル（'Umar ibn al-Khaṭṭāb）〈p. 127 参照〉は、最初、イスラームについて強い反感を持っていた。そして、妹（ファーティマ）が彼の知らぬ間にイスラームに入信したということを聞いて、その妹を激しく打ちつけ、なぜムスリマになったのか詰問した。すると妹は、「ター・ハー章」を朗誦して見せた。それを聴いたウマルはその力強い韻文がもつ説得力に感激して、自分自身もイスラームに入信した。この逸話には、キリスト教のパウロの回心に似たものがある。ウマルのこの逸話が、Ṭā'hā' が個人名として人気が出たひとつの理由であると考えられる。

預言者ムハンマドの出自を表すニスバ

預言者ムハンマドの美称の中には、Hāshimī（ハーシミー：ハーシム家出身の）や Qarashī（カラシー：クライシュ族出身の）など、-ī で終わるものがある。それらはニスバ〈p. 41 参照〉である。Ḥijāzī（ヒジャージー）は聖地マッカやマディーナがあるヒジャーズ（Ḥijāz）に由来するニスバである。ヒジャーズ地方とは紅海の最奥の都市アカバからマディーナを経てマッカ南東までの紅海沿いの地域のことである。

マディーナやマッカなどの聖地は、ヒジャーズ地方のオアシス都市である。二大聖地があるのみならず、預言者ムハンマドの様々な言行のゆかりの地であることからヒジャーズ地方そのものが聖なる地域と考えられていた。旅行家イブン=ジュバイルはそんなヒジャーズを「祝福されたヒジャーズ」と呼び、またイブン=バットゥータは「崇高なるヒジャーズ」と言っている。

Tihāmī（ティハーミー）も同じく、地名 Tihāma に由来するニスバである。前述のように〈p. 22 参照〉、紅海のアラビア半島側にはアカバからイエメンにかけて山脈が連なり、その紅海側に狭い平地がある。その平地をティハーマ（Tihāma）と呼ぶ。マッカやマディーナがあるのはティハーマの北部ヒジャーズ地方である。

Abṭaḥī（アブタヒー）はアラビア語 abṭaḥ（盆地）に由来するニスバである。この語は特に、水無し川（ワーディー）の平地になった川底を意味する言葉であり、マッカの所在地の地形、すなわちマッカを意味する言葉であった。この語はまた「クライシュ族の家々」という意味に使われており、マッカがクライシュ族の地と言ってもよいほどであったことを示している。Abṭaḥī はイランなどでは個人名としても使われている。Muḍarī（ムダリー）は預言者ムハンマドの 17 代前の Muḍar に由来する美称であり、Nizārī（ニザーリー）は 18 代前の Nizār に由来する美称である。いずれも大きな部族の名前である。

第4章

お家(いえ)の人びとと教友たちの群像

——ムスリムのモデルたち——

制服を着たイランの“モダン”で知的な女子大生（筆者撮影）

妻も子も持たなかったイエスについては、イエスゆかりの物が聖遺物として、高い宗教的権威の根拠を与えてきた。それに対して預言者ムハンマドの一族は「お家（いえ）の人びと」として、聖性を決定づける重要な要素となり、宗教的・政治的権威の根拠となった。そしてその威光は、お家の人びとの子孫にも及び、今日でもサイイド（Sayyid：主人）とかシャリーフ（Sharīf：高貴な生まれの人）と呼ばれ、崇敬されている。

預言者ムハンマドの妻たちは「信徒の母たち」と呼ばれて、女性の生き方の模範として深く敬愛されており、彼女たちの名前は今日も人気が高い。信徒の母たちはほかにもイスラーム文化にいろいろと影響を及ぼしている。その１つがアラビア語でヒジャーブと呼ばれる頭髪から首筋を覆うスカーフやヴェールに似たものである。ヒジャーブは、女性の性的魅力の露出をさけるために身体を覆う服装を指す場合もある。それは敬愛すべき信徒の母たちの「ファッション」だった。

また、預言者ムハンマドの直弟子たちを教友と呼ぶ。教友の中にはイスラームの揺籃期に有能な軍司令官になったり、預言者ムハンマドの言行を後世に伝えたりしている人が多い。預言者ムハンマドの言行録はハディース（伝承）と呼ばれ、クルアーンと共にムスリムの生き方に大きな影響を与えている。

マントの出来事

ムスリムたちは、一般に、預言者ムハンマドの生存していた時代を理想的な時代と考える。それは、誰もが預言者ムハンマドを敬愛して従い、自由と平等が実践される共同体（ウンマ）が形成されて機能した唯一の時代であると考えられている。そしてその後のムスリムたちは常に、クルアーンとムハンマドの言行録から自分たちの生活規範を汲み取り、預言者ムハンマド一族（お家の人びと）や一般に教友と呼ばれる直弟子たちに学ぼうとしている。そのような考え方をサラフィー主義（〔英〕Salafism）と呼び、イスラーム覚醒の潮流が強い今日大きな広がりを持ちつつある。アラビア語 salaf は「先祖」とか「父祖」という意味である。スンニー派の人びとに大きな影響力を持っているムスリム同胞団の運動や既述のワッハーブ運動〈p. 68 参照〉も具体的な行動は異っていてもサラフィズム的傾向を持っている。

お家の人びととは、狭義には、預言者ムハンマド、末娘ファーティマ、その夫アリー、そしてこの夫婦の息子たちハサンとフサインを核とする人びとのことである。彼らはキリスト教の「聖家族」のような扱いを受けている。これに関しては「マントの出来事」と称される伝承があり、特にシーア派、すなわち、「アリー派」〈p. 123, p. 131 参照〉は、この伝承を自派の存在の大きな根拠としている。

その伝承は幾つかある。それらは基本的には、預言者ムハンマドが、アリー、ファーティマ、ハサン、フサインを指して「アラーよ、この者たちは私の家族です」と言ったというものである。シーア派はそれに基づいて次のような伝承を伝えている。

ある日、預言者ムハンマドがファーティマの所へやって来て身体の不調を訴え、イエメン製のマントを掛けてほしいと頼む。そして預言者がマントに包まっていると孫のハサンがやって来て、祖父の芳しい香りがすると言って、自分もそのマントに入れて欲しいと頼む。次にフサインが来て同じことした。そしてアリーがやって来て同じことを頼むと、預言者ムハンマドは右手を天に上げて「私の兄弟よ、私の代理人よ、私の後継よ、私の旗手よ」と言って祝福し、「神よ、これは私の家の者たちです」と言うのである。そして、アリーが入ると、ファーティマも入った。すると天使ジブリールがやって来て「…。家の者たちよ、**アッラー**はあなたがたから不浄を払い、あなたがたが清浄であることを望まれる。」（Q33：33）という**アッラー**のことばを伝えた。

このような伝承から「お家の人びと」のことを「マントの人びと」とも呼ぶ。特にシーア派が圧倒的な数を占めるイランではマントの人びとは無謬であるとし、イスラーム共同体を指導するイマームはマントの人びとの子孫に限ると考え、この伝承が、週に数時間ある学校の宗教の時間でも教えられている。

ムハンマドの妻たち

スンニー派〈p. 131参照〉の人びともお家の人びとに対して強い敬愛の念を抱いている。ただ、上記のクルアーンの記述（Q33：32-34）は、預言者ムハンマドの妻たちのことを言っているのであって、「お家の人びと」に預言者ムハンマドの妻たちも含まれると解釈されている。ムハンマドは生涯で10人以上の妻を娶った。彼女たちはすべて大いに敬愛され、「信徒たちの母」と呼ばれている。

上記クルアーンには、彼女たちがほかの女性とは異なった存在であること、端正な言葉を使うべきこと、自分の家に静かにして、目立った服装をすべきではないこと、礼拝の務めを守り、定められた施しをすべきこと、アッラーと使徒に従順であるべきこと、不浄を払い清浄たるべきことなどが語られている。そしてさらに「…またあなたがたの家で読誦される**アッラー**の印と英知を銘記せよ。」（Q33：34）と書かれている。

◆信徒の母たちの模範ハディージャ（Khadīja）と11人の後妻たち　「信徒たちの母」のなかでも特に敬愛されているのが最初

の妻ハディージャ（Khadīja、555?-619）である。彼女は裕福な商人の寡婦で、ムハンマドの商才を見込んで雇い入れ、やがて結婚を申し込むのである。ムハンマドが25歳で、ハディージャが40歳であった。

名前 Khadījaには「早産の子」という意味がある。この一風変わった命名はイスラーム以前から使われていたものであるが、この名の人気は、ハディージャがムハンマドの最初の妻にして、預言者ムハンマドに従った最初の人であるということに由来する。イスラーム黎明期の最も困難な時代を通じてムハンマドに揺るぎない信頼を寄せたことから、ハディージャは「信徒たちの母」の模範となるのである。貧しい人びとにも深い思いやりの心を持って接したその素晴らしい人柄も手伝って Khadīja al-Kubrā（ハディージャ・アル=クブラー：年上のハディージャ、偉大なハディージャ、栄光のハディージャ）としてムスリムたちに最も敬愛される女性である。

預言者ムハンマドは、ハディージャの死後、少なくとも11人の女性と結婚した。すなわち、サウダ（Sawda）、アーイシャ（ʻĀ'isha）、ハフサ（Ḥafṣa）、ザイナブ（Zaynab bint Khuzayma）、ウンム=サラマ（Umm Salama）、ザイナブ（Zaynab bint Jaḥsh）、ジュワイリーヤ（Juwayrīya）、サフィーヤ（Ṣafīya）、ウンム=ハビーバ（Umm Ḥabība）、マーリヤ（Mārya）、マイムーナ（Maymūna）である。

預言者ムハンマドと彼女たちとの関係については、宗教的な理念とともに、当時の社会事情、イスラーム共同体を維持するための戦略、1人の男性を巡る女性同士の葛藤、性生活の一端までもが生々しく今日に伝わっており、キリスト教におけるイエスの物語には見られない人間味が感じられて興味深い。

◆預言者ムハンマドに寵愛されたアーイシャ（ʻĀʼisha）　預言者ムハンマドは、ハディージャ亡き後アーイシャ（ʻĀʼisha、613?-678?）を特に愛したとされる。アーイシャは初代正統カリフ、アブー=バクルの娘で、6歳でムハンマドと結婚した。そして、アーイシャが9歳の時に床入りしたとされる。当時、預言者ムハンマドは52歳になっており、2人の結婚生活は10年間たらずに過ぎなかった。

それほど年齢の差のある2人の結婚に、預言者ムハンマドを支えるアブー=バクルの忠誠の証とか、イスラーム共同体を盤石なものにしようとする預言者ムハンマドとアブー=バクルの意思を垣間見ることができる。アーイシャは、ムハンマドの唯一の処女妻だった。ムハンマドを看取ったのもアーイシャで、ムハンマドの言行をよく伝え、それがハディースとなって伝わっている。

アーイシャは若かったが、才気のある強い人柄の人物で、嫉妬深くもあった。ハディースには、預言者ムハンマドが亡きハディージャのことをしきりに褒めるので、ハディージャに対して誰に対するよりも強く嫉妬したということが伝えられている。また、ムハンマドに新しい妻が加わるといろいろと気をもみ、時にはあからさまな嫌がらせをした。さらに、寡婦となったアーイシャは、アリーの第4代正統カリフ就任にも強く反対した。

アーイシャとアリーとの反目は、実際にアリーが第4代正統カリフに選ばれて、決定的なものとなり、バスラ近郊での「ラクダの戦い」（656年）と称される戦いへと発展した。「ラクダの戦い」という名称は、アーイシャ自身がラクダに乗って戦場に赴いたことによるとされる。

その戦いにアーイシャは敗れるが、アリーに丁重に扱われて解放される。以後は隠棲して、預言者ムハンマドの墓を守り、ムハンマドの言行を伝えることに専念し、人びとの敬愛のうちに没するのである。アーイシャの伝えた預言者ムハンマドの言行は最も信頼されるものとして、ムスリムの生き方に大きな影響を及ぼしている。

ʿĀʼisha の原義は「生きている、健康である」である。同根のアラビア語 ʿaish（生活・生計）はエジプトでは「パン」という意味にも使われている。

ただ、アーイシャは、日常的には尊敬の意味を込めて、ウンム=ル=ムミニーン（Umm al-Muʼminīn：信者の母）とかウンム=アブドゥ=ッラー（Umm ʿAbd Allāh：神の僕（しもべ）の母）と呼ばれた。後者は一般に男児がない既婚の婦人を呼ぶクンヤであり、男児が生まれることを期待してつけられたクンヤである。

なお、アーイシャの9歳での結婚というのは、現在では物議をかもすほど奇異なことである。今日では多くの国で女性の結婚最低年齢は15歳と法律で決められている。しかし、当時のアラビアでは親が決めた結婚が一般的で、初潮も迎えない女性の結婚は特に珍しいことではなかった。今日でもイスラーム回帰の傾向が特に強いサウジアラビアやイランでは9歳の女性の結婚が形式的には認められており、ヒジャーブの着用が義務づけられている。

❁ クルアーンの保管者ハフサ（Ḥafṣa）　4番目の妻ハフサ（Ḥafṣa bint ʿUmar、609?-666?）は第2代正統カリフ、ウマルの娘である。彼女は18歳という若さの寡婦であった。亡夫は、マッカのクライシュ族との最初の戦いであるバドゥルの戦い（624年）と、その弔い合戦というべきウフドの戦い（625年）に参戦し、後者の戦いでの怪我がもとで死亡した。

悲しむハフサの心を察した父ウマルは娘の再婚に奔走するが、彼女の亡夫が献身的なムスリムであったこともあり、預言者ムハンマドは早くから彼女を妻にすることを心に決めていたとされる。しかし、ムハンマドの気持ちがアーイシャに向いていることを知ったハフサはしばしば嫉妬に身を焦がす。

Ḥafṣa は「若い雌ライオン」を意味するとされ、力強くも母親の優しさを表すと考えられている。同根の ḥafṣ（オスの仔ライオン）は第２代正統カリフ、ウマルのクンヤ Abū Ḥafṣ（アブー=ハフス）にも使われている。

伝承によるとハフサは預言者ムハンマドの死後、父ウマルの提案によって、初代正統カリフ、アブー=バクルが散逸を防ぐために集めたクルアーンを保管するよう任命された。クルアーンは本来、神のことばが、天使ジブリールの声によって預言者ムハンマドに伝えられたものである。しかし、預言者ムハンマドの存命中はほとんど口承の域を出なかった。その口承クルアーンを預言者ムハンマドの近くにいた教友が文字化し、それをハフサが保管するのである。そのことから彼女にはハーフィザ・アル=クルアーン（Ḥāfiẓa al-Qur'ān：クルアーンの保管者）という称号が与えられている。

今日に伝わるクルアーンは、ハフサが保管していたものに基づいて第３代正統カリフ、ウスマーンの時代に正統にして唯一の聖典として編纂されたものである。このようにクルアーンの成立に大きな役割を果たしたとされるハフサは、生涯献身的なムスリマとなって生涯をまっとうする。Ḥāfiẓa やその男性形 Ḥāfiẓ（ハーフィズ：保管者、守護者、記憶者）は現在では広くクルアーンをすべて記憶している人に与えられる称号であり、個人名としても使われている〈p. 51 参照〉。

❋預言者ムハンマドと２人のザイナブ（Zaynab） 預言者ムハンマドにはザイナブの名を持つ２人の妻がいる。その１人は５番目の妻ザイナブ・ビント=フザイマー（Zaynab bint Khuzaymā、595-?）

である。彼女は、貧しい人びとのために献身し、「困窮者の母」と呼ばれた。彼女もまた寡婦で、亡夫はウフドの戦いで戦死した勇敢なムスリムであった。預言者ムハンマドとの再婚後あまり長生きせずに他界した。彼女はマッカの古い名家フザイマー（Khuzaymā）家出身で、たどればクライシュ族のほとんどがフザイマー家にたどり着くとされる。家名 Khuzaymā の意味は「ラヴェンダー」である。

もう１人は、７番目の妻で、同じくアサド家出身のザイナブ・ビント=ジャフシュ（Zaynab bint Jaḥsh, 593–?）である。ザイナブ・ビント=ジャフシュは、預言者ムハンマドのほかの妻たちと異なり、離婚の前歴があった。ザイナブは気品があり、完璧なまでに美しく、貧しい者たちには寛大で慈悲深い女性だった。彼女とムハンマドとの結婚は大いに人間臭くドラマチックでさえある。

ザイナブは、預言者ムハンマドの養子で解放奴隷でもあるザイド（Zayd：繁栄）と、預言者ムハンマドの意向で結婚させられる。しかし、神の前での平等を説くイスラームにおいても、名門アサド家出身のザイナブと奴隷であったザイドとの身分のギャップは現世ではいかんともしがたく、夫婦仲はしっくりいかなかった。そこで止むを得ず２人の離婚が認められる。それとともに、ザイドと預言者ムハンマドのの養子縁組を解消することになり、その後、預言者ムハンマドとザイナブとの結婚が執り行われるのである。

このことは、クルアーン 33 章 37 節にそのまま取り上げられている。それは、すなわち、伝統的に許されないとされていた養子縁組の解消や結婚の解消の例で、自分の養子の妻との結婚という世間的にはスキャンダルとして人の口にのぼりそうな出来事をもって、イスラームでは、離婚は最後の選択として許されることを意味する啓示となっている。

実は、ザイナブという名前を持つ女性は預言者ムハンマドの近親者に幾人も現れる。預言者ムハンマドの妻となった上記２人のザイナブに加え、預言者ムハンマドとハディージャとの長女がザイナブであり、末娘ファーティマとアリーとの間にもザイナブという名の娘がいる。預言者ムハンマドの孫であるこのザイナブ（Zaynab bint ʻAlī）はフサイン（al-Ḥusayn）の妹である。兄フサインをはじめ一族の多くの者が殺害され、シーア派運動の決定的な契機となったカルバラー（Karbalā'：バグダード南南東 90 キロ余りのユーフラテス川沿いの都市）の戦い（680 年）を生き残り、ウマイヤ家に対する復讐の象徴的担い手となった。彼女は不正義に対する戦いの象徴、苦難に耐える女性の象徴としていろいろな伝承の主人公に仕立て上げられていくのである。

◆エジプトとイスラームの統合の象徴マーリヤ（Māriya） 11 番目の妻マーリヤ（Māriya al-Qibṭīya）はコプト、すなわちエジプト人であり、父母はキリスト教徒であった。彼女は特に美しい女性で、エジプトの魅力のすべて持ち合わせていたと伝えられる。すなわち、彼女にはイシス女神のはげしい愛、ハトシェプスト女王の威力、クレオパトラの鮮烈な魅力、ネフェルティティのじゅん爛たる美しさ、すべてが備わっていた（『預言者の妻たち』アーイシャ・アブドゥ=ッ=ラフマーン著、徳増輝子訳）。

イシス女神（Isis）は古代エジプト人に最も愛された女神である。妻の鏡、また慈母の典型として慕われた母神であり、愛する夫が殺されると魔術によって生き返らせた。ハトシェプスト女王（Hatshepsut、在位 1479?BC-1458?BC）は、最も偉大なファラオの１人とされる人物で、その名の意味は古代エジプト語で「最も高貴な女性」である。

クレオパトラ（Cleopatra）はプトレマイオス王朝を代表する女

ハトシェプスト女王像の頭部
（メトロポリタン美術館所蔵、
Digital photo by User：Postdlf）

王であり、事実上ギリシャ系同王朝の最後の女王である。ネフェルティティ（Nefertiti、1370?BC-1330?BC）は、ツタンカーメンの父であるアメンホテプ４世の妃であり、彼女の一人娘がツタンカーメンの后になったことから、二重の意味でツタンカーメン王の「義母」である。

『預言者の妻たち』には「その人（預言者ムハンマド）は彼女（マーリヤ）にとって主人であった。友人であった。家族であり、祖国であった。」と書かれている。このように伝えられるマーリヤは、栄光の古代エジプトとギリシャ的エジプトと、ビザンツ帝国とが一体化し、預言者ムハンマドの下に入ったことを象徴する人物として超人的に伝説化された存在であると考えることができる。

しかし、マーリヤはエジプトにおけるビザンツ帝国高官の女奴隷であり、彼女の姉妹スィーリーン（Sīrīn）とともに預言者ムハンマドの奴隷として与えられたものである。彼女は預言者ムハンマドとの間に夭折したイブラーヒームをもうける。そしてムハンマドの手で解放されるが、正式な結婚はなかったとされている。そんなわけで、マーリヤは敬愛されてはいるが、「信徒の母」という称号は与えられていないと考える人が多い。

預言者ムハンマドの子どもたち

若死にするこどもたち　預言者ムハンマドが子をなしたのは、実質的に最初の妻ハディージャとだけである。そしてそのうち２

人の男児〈p. 53 参照〉は夭折し、４人の娘たちについても、ムハンマドの没後に残されたのはファーティマだけだった。長女ザイナブ（Zaynab）は母方の従兄弟と結婚し、男児アリー（ʻAlī）と女児ウマーマ（Umāma：若い母）を産んだ。ところがイスラームに敵対するクライシュ族に追い出される形でマディーナへ行く途中、追跡を受け、殺気立ったラクダの背から振り落とされたのが原因で死亡した。

次女ルカイヤ（Ruqayya）は後の第３代正統カリフ、ウスマーンと結婚した。ルカイヤは端麗な女性であり、容姿に優れていた２人は似合いの夫婦として敬愛されたとされる。しかし、彼女はイスラーム軍とクライシュ族との最初の戦役であるバドゥルの戦いのさなか、天然痘にかかってマディーナで死亡した。Ruqayya は、名詞 ruqya（魅惑）の愛称形である。

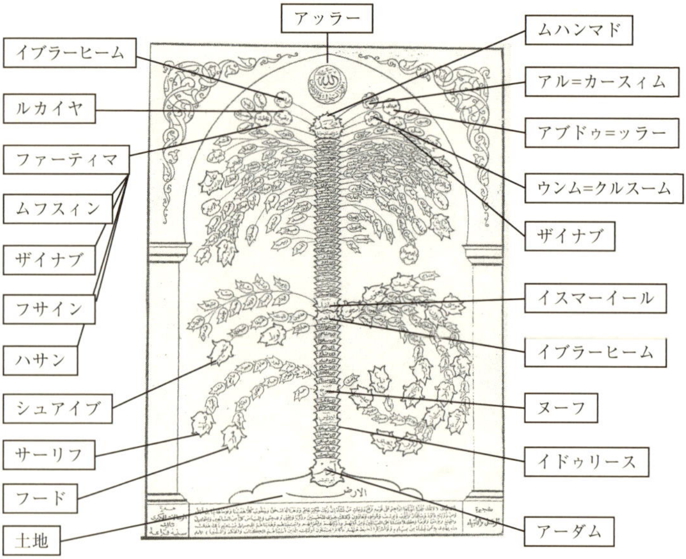

ナツメヤシに似せた預言者ムハンマドの家系樹

三女ウンム・クルスーム（Umm Kulthūm）〈p. 54参照〉は、姉ルカイヤの死の半年後、姉の夫であったウスマーンと結婚した。次女ルカイヤと三女ウンム=クルスームは、実は、父親の従兄弟であるウトゥバという男の息子たちと結婚していた。しかし、ウトゥバがイスラームに強硬反対したことから彼の息子たちと預言者ムハンマドの娘たちとの結婚は不幸な結果に終わった。したがって、ルカイヤにとってウスマーンとの結婚は再婚である。

✹イスラームの華ファーティマ（Fāṭima） 四女ファーティマはムハンマドの従弟アリーと結婚し、前述の通りハサンとフサインの母となる。ファーティマにはさまざまな尊称が与えられた。なかでも興味深いものにファーティマ・ッ=ザフラー（Fāṭima al-Zahrā'：輝く華のファーティマ）や、特にシーア派におけるマルヤム・ル=クブラー（Maryam al-Kubrā：栄光のマルヤム）がある。ファーティマは慎ましやかで愛情豊かで献身的な娘、妻、母として敬愛され、現世でも天国でも女性の模範とされる。

al-Zahrā'と同根の言葉にはal-Zuhra（アッ=ズフラ：金星）がある。ファーティマはイランでは空に輝く星のような存在とも考えられており、ペルシャ語で金星を意味するZuhra（ズフラ）やZohre（ゾフレ）という名前は、ファーティマを思い起させる女性名として使われている。

アラビア語名Fāṭimaは「離乳させる女」という意味である。この名前は注意深く子供を育てる母の愛情を意味する言葉でもあり、また、授乳期を無事に育って健康な女性になるようにという母の願いを表すものでもある。

このように敬愛され、キリスト教における聖母マリアとも比較されるファーティマは、聖母マリアと同様、敵を打ち負かす霊力を持つという信心が生まれた。その一例がハムサ（khamsa：〔原

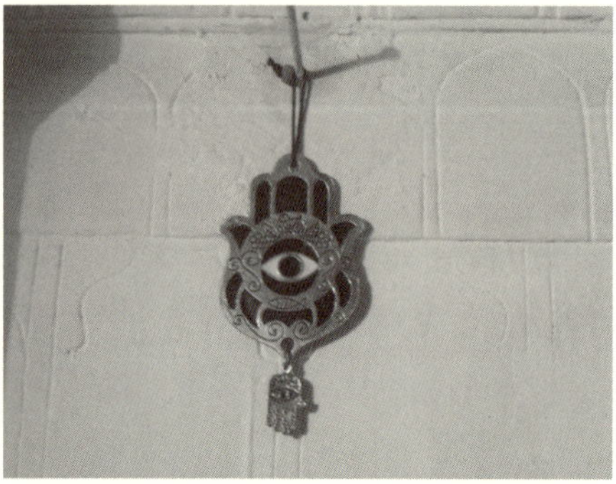

民家の壁に掛けられたファーティマの手（筆者撮影）

義〕5）とも「ファーティマの手」と呼ばれるお守りである。それは一般に、野獣や悪意のある精霊や人が持つと考えられた邪視に対する魔除けとして使われるものである。手のひらに目玉がはめ込まれたものなどがあり、モスクの前の土産物屋など、いろいろな所で売られている。「ファーティマの手」は地中海東岸地方のキリスト教徒たちに「マリアの手」と呼ばれている。中東には濃いアイシャドーをする習慣があった。これは女性の化粧であるとともに、元来は目から入るとされた病気や、邪視に対する魔除けの意味があった。

預言者ムハンマドの孫たち：ハサンとフサイン

ハサン（al-Ḥasan）とフサイン（al-Ḥusayn）はアリーとファーティマの息子たちである。次男の名前 Ḥusayn は Ḥasan の愛称形〈p. 155 参照〉が名前として定着した。定冠詞 al は、Ḥasan や Ḥusayn が非常に一般的な名前であることから、同名のほかの人たちと区別して、強い敬意を込めて呼ぶときの定冠詞である。

Ḥasan は、アラビア語 ḥasan（良い、美しい、優雅な、立派な、適切な、望ましい、優しい）が語源である。アラビア語 ḥasanan は、英語の会話などでよく使われる “OK” とか “Great!” とかに似た意味の言葉である。同根の名前にはほかに男性名 Aḥsan（アフサン：より良い）、女性名 Iḥsān（イフサーン：善意、良い行い）、

男性名 Ḥusnī（フスニー：美、優秀）や Muḥsin（ムフスィン：親切な、女性形Muḥsina：ムフスィナ）などがある。Muḥsin はファーティマとアリーの夭折した男児の名前でもある。

ハサンは祖父である預言者ムハンマドに風貌が一番似ていたと言われている。彼は父である第４代正統カリフ、アリー（ʻAlī）が暗殺された時 37 歳で、父を継いで短期間カリフ職を務めた。しかし、後にウマイヤ朝初代カリフとなるムアーウィヤ（Muʻāwiya）に退位を余儀なくされた。そして、シーア派の説明では、その８年後 45 歳の時にムアーウィヤにそそのかされた妻の１人に毒を盛られて暗殺されるのである。

フサイン（al-Ḥusayn）は、ウマイヤ家のカリフ体制に反対して真のイスラーム体制の確立を目指して立ち上がり、バグダード南方のカルバラー（Karbalā'）で戦死した。一族郎党 72 人は３千という敵兵に攻められ、水を断たれてもだえ苦しみながら殺された。フサイン自身もめった切りにされ、最後には首をはねられるという惨いものだったとされる。葬儀も許されなかった。

フサインの死はアリー派、すなわちシーア派の成立を決定的なものとした。その殉教の地カルバラーには立派なフサイン・モスクがあり、大勢の巡礼者を集めている。また、殉教の日（ヒジュラ暦１月 10 日）はアーシューラー（10 日）というシーア派最大の祭りとして、フサインの殉教を想起する日となっている。

そのアーシューラーでは、フサインの受難を追体験したり、ナフル（nakhl）と呼ばれる黒い布を被せた山車のようなものを担いで街や村をまわったりする。それはフサインの葬儀を模したものである。この時人びとは涙を流しながら熱狂的に「ホセイン、ホセイン、ホセイン」と呼びかける。フサインの受難を追体験することによって天国に入ることができると信じられているのである。この受難という考え方はスンニー派にはあまり見られないも

アーシューラーで使われるフサインの棺（ナフル）の骨組み（筆者撮影）

ので、シーア派のひとつの大きな特徴である。

そのフサインは、サーサーン朝の最後の皇帝の皇女と結婚してアリーという息子をもうけたとされ、その息子がシーア派第４代イマーム（Imām）となり、Zayn al-ʻĀbidīn（ザイヌ・ル=アービディーン：僕たちの誉れ）という称号で呼ばれるようになった。この称号は、シーア派、スンニー派と問わず、今日でも人気のある個人名となっている。Imām には「指導者」、「礼拝の先導者」、「統率者」などの意味があり、古くからカリフの称号の１つとして使われた。今日でもシーア派ではスンニー派のカリフに相当する称号として使われている。一方スンニー派では「礼拝の先導者」という意味に使われている。

nakhl は「ナツメヤシの樹」を意味する言葉で、上掲の写真のナフルはフサインの棺に見立てたものである。またナツメヤシは天国の果実（janā）〈p. 9 参照〉の中でも最も大切なものであり、天国が最もふさわしいフサインの称号は、殉教者の長（Sayyid al-Shuhadā'：サイイド・アッ=シュハダー）である。スンニー派にはフサインがシーア派の創始者であると考える人びとが多い。

ムハンマドの叔父たち

預言者ムハンマドの父アブドゥ=ッラーには９人の兄弟があっ

た。そのうちアブドゥ=ッラーを含めた6人はイスラーム以前に他界し、1人はイスラームの敵になった。今日ムスリムたちに特に重要視されているのは預言者ムハンマドを支えたアブー=ターリブ（Abū Ṭālib）、アッバース（ʿAbbās）、ハムザ（Ḥamza）の3人である。そしてこの3人は「高貴な生まれの人」（シャリーフ）として敬愛され、イスラーム世界に大きな影響を持つ存在となっている。

預言者ムハンマドの養父となった叔父、アブー=ターリブ（Abū Ṭālib、?-619）のフルネームはAbū Ṭālib ʿAbd Manāf ibn ʿAbd al-Muṭṭalib ibn Hāshimで、第4代正統カリフ、アリー（ʿAlī）の父である。アブー=ターリブは、預言者ムハンマドの父がムハンマドの生まれるまでに没したことからムハンマドを養子にして育てた。そして、ムハンマドが神の啓示を人びとに伝え始めてからは、クライシュ族の有力支族の妨害にもかかわらず、ムハンマドを擁護し続けたことでムスリムたちに特に尊敬される人物である。ただ、アブー=ターリブ自身はイスラームに改宗することはなかった。彼は、養子ムハンマドの説くイスラームに傾斜していたが、当時はあまり勢力がなかったハーシム家の頭領として、クライシュ族との軋轢（あつれき）や抗争を回避するためにムスリムになることを拒否したというのが一般的に信じられている見解である。

なお、Muṭṭalibは「あきらめずに追い求める（者）」とか「最高を求める（者）」という意味がある。預言者ムハンマドの養父の名前Abū Ṭālib（アブー=ターリブ）のṬālibは能動分詞形で、「探求する（者）」という意味の名前であり、この一般名詞ṭālibは神学校マドゥラサの「学生」を意味する言葉でもある。アフガニスタンのイスラーム過激派ターリバーン（Ṭālibān）はパシュトゥー語で、「（マドゥラサの）学生たち」が原義である。

今日、アッバース（ʿAbbās）の名はパレスチナ自治政府第2代大統領マフムード・アッバース（Maḥmūd ʿAbbās、在任 2005- ）によってよく耳にする。ʿAbbās は「いつも眉をひそめている、厳しい顔をしている者」という意味がある。厳しい顔つきは威厳の表れとしても望ましいものと考えられており、この語は百獣の王ライオンの特質を形容するのにも用いられる。

この名前 ʿAbbās は、預言者ムハンマドの叔父アッバース（ʿAbbās ibn ʿAbd al-Muṭṭalib、566?-652――ムハンマドの養父アブー=ターリブの弟）の名に由来し、その曾孫アブ=ル=アッバース（Abū al-ʿAbbās ʿAbd Allāh ibn Muḥammad al-Saffāḥ、在位 749-754）が建設したアッバース朝（749-1258）の名によってよく知られている。預言者ムハンマドの叔父アッバースは、ムハンマドがマディーナに移った後もマッカに留まり、ウフドの戦いに向けて準備する敵の様子をムハンマドに伝えたとされる。

なお、アッバース朝の開設者アブ=ル=アッバースのラカブ al-Saffāḥ（サッファーフ）は「殺人者」という意味である。このラカブは、ウマイヤ家の復活を恐れたアブ=ル=アッバースがウマイヤ朝の王族たちのほとんどを殺害したことから、ウマイヤ家を一掃したことを誇示するために自ら名乗ったものである。その殺害を逃れたのがイベリア半島で後ウマイヤ朝を創建したアブドゥ=ッ=ラフマーン１世〈p. 64 参照〉である。

アッバース朝の始まりは略奪戦争に明け暮れた時代の終わりを意味し、農業や商業を基盤とし、官僚制度の下に、多様な民族を包含するイスラーム帝国の成立を意味するものであった。そして、同帝国は一時、領土を現在のモロッコから中央アジアまで広げ、イスラーム文化の伝播に多大な役割を果たした。

Ḥamza（ハムザ）は預言者ムハンマドの叔父ハムザ（Ḥamza ibn ʿAbd al-Muṭṭalib、568-625）にちなむ名前として知られている。彼は叔父と言ってもムハンマドと同年代であり、一緒に育てられた兄弟のような存在であった。ハムザは体格が良くレスリングをよくし、剣術に優れていた。そしてムハンマドが窮地に陥った時には身を挺してムハンマドを守った。ある日、狩猟からマッカへ帰る途中、アブー=ジャフル〈p. 56 参照〉がムハンマドを非難した時、ハムザが怒ってアブー=ジャフルを殴りつけたという伝承がある。ハムザはバドゥルの戦いでアリーと共に華々しい活躍をしたが、その報復戦というべきウフドの戦いで戦死した。

なお、Ḥamza は、「強い、不動であること」を意味し、ʻAbbās と同じように、ライオンの特質を表す言葉でもある。このことからハムザは「天国の獅子」（Asad al-Janna）とも呼ばれている。

サイイドとシャリーフのひろがり

宗教的・政治的権威の根拠と考えられた預言者ムハンマドの血統は、権力の正当性を示す手段に利用されてきた。その最も良い例がカリフ職の継承におけるウマイヤ家とアッバース家の権力闘争である。

ウマイヤ家とアッバース家の闘争において、アッバース家は、自分たちの名祖アッバース（ʻAbbās ibn ʻAbd al-Muṭṭalib）が預言者ムハンマドの叔父であり、彼がムハンマドと同じハーシム家出身であることを根拠にカリフ職の奪還を果たそうとした。その時、第４代正統カリフ、アリーが預言者ムハンマドの娘婿であり、アリー自身がムハンマドの従弟であることを利用して、アリー派、すなわちシーア派を取り込んだ。やがて時代が下り、アッバース朝の勢力の衰えが見え出すと、イスラーム世界でいろいろな王朝が生まれる。それらの多くが同じく預言者ムハンマドにつながる家系であることを主張して、権力闘争を繰り広げた。チュニジアで興り、エジプトを中心に勢力を広げたシーア派のファーティマ朝（909-1171）がその良い例である〈p. 125 参照〉。

今日でも、イスラーム世界においては王家に限らず、いろいろな宗派や教団の教祖や宗教的指導者たちが、自分はアッラーに選ばれた預言者ムハンマドに繋がる家系の者であると主張している。ヨルダン王国の王家はハーシム家出身であるとされ、同家の名は al-Hāshimīya（アル=ハーシミーヤ）である。モロッコ王国の王家であるアラウィー家（al-ʻAlawī）は、アリーとファーティマの子孫であると主張している。

前述のように、子孫を残した預言者ムハンマドについては、彼に繋がる家系の人びと、すなわち、「お家の人びと」が「生きた聖遺物」のように権威をもつようになった。彼らはサイイド（sayyid）やシャリーフ（sharīf）と呼ばれ、特別に清められた人びとで、あらゆる罪から解放された人びと考えられるようになった。そしてイスラーム世界のいたる所でこういった「預言者ムハンマドの子孫」が見られることになるのである。

サイイドとシャリーフの区別については明確なものがあるわけではない。しかし、アリーとファーティマの子孫をサイイドといい、預言者ムハンマドの妻たちや預言者ムハンマドの叔父たちを含めたハーシム家に繋がる家系の人びとをシャリーフと呼ぶことが多い。

今日、一般に「彼はシャリーフだ」と言うと、「彼は高潔で、品行方正で、絶対に間違いをするような人ではない」という意味で、結婚適齢期の娘さんには婿さんにお勧めだという意味にもなる。また Sayyid や Sharīf は名前（イスム）あるいは敬称・尊称としても用いられるようになった。

al-Sādāt（アッ=サーダート）の Sādāt は、sayyid（主人）の複数形 sāda の複数形であり、預言者ムハンマド一族〈p. 104 参照〉につながる家柄であることを示す。al-Sādāt（アッ=サーダート）

の名で知られる人物にはエジプトの元大統領サーダート（Muḥammad Anwar ibn Muḥammad al-Sādāt）〈p. 71 参照〉がいる。同大統領は1973年に勃発した第4次中東戦争の終結を意味するエジプト・イスラエル平和条約（1979年）を締結した。しかし、その条約でアラブの敵たるイスラエルを国家として承認したことから他のアラブ諸国の反発を買い、第4次中東戦争記念軍事パレードを観閲中に急進的イスラーム主義者によって狙撃されて暗殺された。

お家の人びとに繋がるシーア派の最高指導者

前述〈p. 106 参照〉のようにシーア派は、イスラーム共同体を導くのは預言者ムハンマドに繋がる一族でなければならないと考える。そのシーア派には、十二イマーム派とイスマーイール派という大きな2派がある。十二イマーム派の初代から第12代までの歴代のイマーム（スンニー派カリフに相当）は、預言者ムハンマドの従弟で娘婿のʿAlī ibn Abū Ṭālibを初代とし、第2代al-Ḥasan ibn ʿAlī、第3代al-Ḥusayn ibn ʿAlī、第4代ʿAlī ibn al-Ḥusayn（Zayn al- ʿAbidīn）、第5代Muḥammad ibn ʿAlī、第6代Jaʿfar ibn Muḥammad、第7代Mūsā ibn Jaʿfar、第8代Alī ibn Mūsā（al-Riẓā）、第9代Muḥammad ibn ʿAlī、第10代Alī ibn Muḥammad、第11代al-Ḥasan ibn ʿAlī、そして第12代がMuḥammad ibn al-Ḥasan（Muḥammad al-Mahdī）であるとする。名前からわかる通り、第4代からはすべて、親から子へとその地位が続いている。

その第12代イマーム、ムハンマド・イブン=アル=ハサンは、実在したかどうか不明である。901年に父である第11代イマームが暗殺されるとその葬儀に突然現れ、葬式を執り行った後に神隠しにあったと解されている。前述の通り、イスラームにはイーサー（イエス）は殺されたのではなく神のそばに召された〈p. 94参照〉という考え方があるが、第12代イマームはそれと似たものと考えることができる。そして、第13代以降のイマームは、預言者ムハンマドの直系にして隠れイマームの代理であるとするのがシーア派の見解である。その隠れイマームは、最後の審判の時に救世主（al-Mahdī：〔神意により〕正しく導かれた者）〈p. 98参照〉として、イーサーを伴って再臨すると信じられている。

これら12人のイマームはそれぞれ称号を持っている。上記の通り、第12代イマームの称号がal-Mahdī（アル=マフディー：正しく導かれた者）であり、そのほか特によく知られているのが第4代イマームの称号Zayn al-ʻĀbidīn（ザイヌ・ル=アービディーン：僕（しもべ）たちの誉れ）、第8代イマームの称号al-Riḍā（アル=リダー：満足）などである。これらの称号、およびイマームの名前はシーア派の間では人名として人気が高い。特にʻAlīはイランでは一番人気のある名前である。また、第8代イマームal-Riḍāは、いろいろな願いをよく神に取りなしてくれたり、不治とされる病を癒したりという奇跡を起こすイマームとして人気がある。この名前はペルシャ語では男性名Rezā（レザー）として、今日、イラン人によく使われている。

十二イマーム派イスラームはイランの「国教」というべきもので、イラン革命を指導したホメイニー師はサイイドで、第12代イマームの代理であるとされた。同師の後継者ハーメネイー（Āyatollāh Seyyed ʻAlī Ḥoseynī Khāmeneʼī）師もサイイドである。イランでは黒いターバンはサイイドであることのしるしであり、ホメイニー師やハーメネイー師が黒いターバンをかぶっていることからもそのことがわかる。彼らは、サイイドという血統の助けもあり、強いカリスマ性で指導力を発揮した。

一方、イスマーイール派は十二イマーム派から分裂した派で、上記第６代目 Jaʻfar ibn Muḥammad の子イスマーイール（Ismāʻīl）を隠れイマームとする派である。このシーア派は北アフリカでファーティマ朝を創設した。シーア派はスンニー派アッバース朝の弾圧から初代アリーの血統を護るために本当のイマームを隠して、その代理と称する人物を立てることが伝統的になっていた。

このように長い抑圧の歴史のなかで発展してきたシーア派はスンニー派より内面的にして情緒的な側面を強く持つ傾向がある。特にシーア派の少数派であるイスマーイール派は、反体制的で過激な行動に走ることで知られた。十字軍時代に、十字軍だけではなくムスリムの間でも恐れられた暗殺教団はイスマーイール派の一派である。

シーア派には、また、アワウィー派（al-ʻAlawī）と呼ばれる一派がある。この一派の名称 al-ʻAlawī は「アリーに従う者」という意味を持つ。しかし、キリスト教の伝統が強いシリアで起こった一派で、実際はキリスト教の聖人を尊崇したり、さらにはヒンドゥー教に特徴的な輪廻転生の思想も取り入れたりしている。イスラームでは異端とされ、閉鎖的な社会を形成している。信奉者もシリアやレバノンに限られ、その地域でも全人口の 10 パーセント程度に過ぎない。しかし、シリアで独裁的権力を握ってきたアサド家が信奉する宗教であり、同家がスンニー派の人びとを弾圧していたことから反体制運動が起こり、今日の混乱を招いている。

イスラーム黎明期の指導者、正統カリフたち

カリフを意味するアラビア語 khalīfa（ハリーファ）の原義は「継承者、代理者」である。すなわち、神から啓示を受けて地上における神の使徒となった預言者ムハンマド亡き後、ムハンマドを継

承する人物のことであった。カリフは預言者ではなく、イスラーム共同体の統率者であり、信者たちの長（Amīr al-Mu'minīn：アミール・アル=ムミニーン）とも呼ばれた。日本語カリフは、khalīfa の英語表記 caliph を音写したものである。

アブー=バクルから第４代カリフ、アリーまでを正統カリフという。これは、いろいろと意見の相違はあったものの、イスラーム共同体の合意によって選ばれたカリフで、「神意によって正しく導くカリフ」という意味である。彼らは、預言者ムハンマドの直弟子、すなわち、教友たちの代表というべき人たちで、ムスリムの 90 パーセントを占めるスンニー派では、初代アブー=バクル、第２代ウマル、第３代ウスマーン、第４代アリーは特別な敬愛や尊崇の対象となっている。

✺イスラーム共同体の確立者アブー=バクル（Abū Bakr） アブー=バクル（Abū Bakr、573?-634、在位 632-34）は、預言者ムハンマドの近親者以外ではいち早くイスラームに入信し、マディーナへの移住に際してもムハンマドと苦労を共にした人物である。預言者ムハンマドが、「もし私が親友を選ぶなら私はアブー=バクルを選ぶであろう。しかし彼に対しては、私はイスラームの兄弟愛の方を大事にする」と語ったという伝承がある。

イスタンブルのアヤ・ソフィアにある
アブー=バクルの名が刻まれた円盤
（Mark Ahsmann, CC BY-SA 3.0）

預言者ムハンマドの後継者の人選については、ムハンマドの娘ファーティマなどの反対にも関わらず、その年齢、功績、人柄などからアブー=バクルが初代カリフとして認められた。彼は、預言者ムハンマド亡き後分裂しがちな信者たちをよくまとめ、イスラーム共同体を建設した人物である。その人柄の誠実さや預言者ムハンマドに忠実に従ったことなどから「イスラームの良心」とも呼ばれるようになり、前述のように al-Ṣiddīq（アッ=スィッディーク）というラカブで呼ばれた〈p. 47 参照〉。

✽アラブ・イスラーム国家の確立者ウマル（ʻUmar） ウマル（ʻUmar ibn al-Khaṭṭāb）は、預言者ムハンマドがイスラームを説きだした時にはクライシュ族の主流とともに信者たちを迫害した人物である。新しくムスリムになった者を見つけると自分の手が疲れるまで殴打した。イスラームに改宗したのが 619 年ごろとされる〈p. 101 参照〉。改宗してからは、アブー=バクルの親友として、預言者ムハンマドの側近の１人となった。その関係でアブー=バクルの強い推薦を受けて第２代カリフ（在位 634-44）に選出された。

彼は背がとび抜けて高く、逞しい体躯で、豪胆な気性を持ち、プライドが高く、イスラーム以前の部族長的資質を有していた。また、彼の息子の１人が酒と不倫に溺れると、鞭打ちの刑に処し、死に至らしめるという厳しさを持ち合わせていた。しかし、そんなウマルは被征服者に対しては穏やかに寛大に接したとされる。

ウマルは、預言者ムハンマドが没すると、70 歳近くになっていた初代カリフ、アブー=バクルを補佐して征服活動で勇名を馳せた。さらに第２代カリフになってから 644 年に暗殺されるまでの 10 年間における彼の功績は目覚しいものだった。西では最も先進的で最も経済力のあったシリアやエジプトをビザンツ帝国から奪い、東ではサーサーン朝ペルシャ領であった今日のイランにまでイスラーム勢力を広げた。そしてその征服活動とともに多く

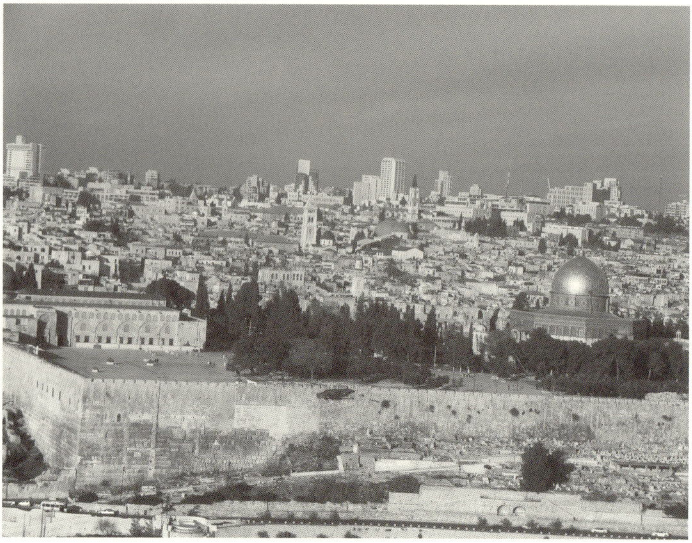

エルサレムの岩のドーム（右）とアル=アクサー・モスク（左）（筆者撮影）

のアラブ人が被征服地域へ移住するのである。

このような大征服活動を成功させたことからウマルは、アラブ・イスラーム国家の事実上の建設者で、スンニー派の人びとにはイスラームを世界宗教に発展させるのに最大の貢献をした傑出した人物であると評価されている。ウマルのラカブは Fārūq（ファールーク：神を畏れる、真実と虚偽を見分ける者）である。ウマルの父称（ナサブ）は ibn Khaṭṭāb は「弁舌家の子」という意味であるが、そのナサブにたがわずさわやかな弁舌家であったとされる。

ウマルが 634 年にヨルダン川の支流でビザンツ軍を敗走させてダマスカス、アンティオキア、パルミラなどを獲得し、637 年にはエルサレムを手中にした。そのウマルのエルサレム入城は平和的なもので、彼の寛大な政策はユダヤ教徒、キリスト教徒、イスラーム教徒の平和的共存を保障するものであった。

今日、黄金の屋根の「岩のドーム」が建っているその岩はイブラーヒームがイスマーイールを神に犠牲として捧げようとした場所とされ、預言者ムハンマドが天に昇った場所であるともされている。預言者ムハンマドは、天馬ブラーク（Burāq）に乗ってマッカから一夜にして「至遠のマスジド」（Masjid al-Aqṣā）まで飛び、そこから天国まで昇るのである。その「至遠のマスジド」が、ウマルがエルサレムに入城した後、エルサレムにあったというのが定説になった。

アル=アクサー・モスクは、今日「銀のドーム」と呼ばれ、また俗に「ウマルのモスク」とも呼ばれている。それは、バビロン捕囚から帰還した後に再建された第二ソロモン神殿の神域内の南部分に位置し、「岩のドーム」は北部分に位置している。ユダヤ人が巡礼に訪れて祈る、いわゆる「嘆きの壁」はソロモン神殿の西側の外壁であった。今日オリーブ山から見ると、岩のドームの大きな黄金のドームが目を引く一方で、その左のアル=アクサー・モスクの銀のドームは注意しなければ見逃しがちな存在になっている。

名前 ʻUmar の人気のまたひとつの理由は、その原義「歳」にある。すなわち、ʻUmar は、長寿への願い、繁栄への願望の表れとしての名前である。同根の名前には ʻĀmir（アーミル）、ʻAmr（アムル）、ʻAmmār（アンマール：大いに栄えている）〈p. 37 参照〉などがある。ʻAmr の名を持つ人物としては特にアムル・イブン=アル=アース（ʻAmr ibn al-ʻĀṣ、585?-664）が有名である。彼は639年から642年にかけて、ビザンツ帝国と戦い、同帝国領であったエジプトを征服した人物である。

❁聖典クルアーンの編纂者ウスマーン（ʻUthmān） 第３代正統カリフ、ウスマーン（ʻUthmān ibn ʻAffān、在位 644-56）はウマイヤ家出身である。彼はマッカの裕福な人びとの避暑地として知られるターイフ〈p. 24 参照〉生まれの商人で、早くからイスラームに入信した。預言者ムハンマドは、クライシュ族の迫害を受けたムスリムをマッカの対岸のエチオピアに２度避難させるが、２度目の逃避隊を率いたのがウスマーンである。その後マディーナへの脱出にもムハンマドに同行する。預言者ムハンマドへの忠誠、ムハンマドとの親密さは、ムハンマドの次女ルカイヤ（Ruqayya）を娶り、ルカイヤが亡くなると三女ウンム・クルスーム（Umm Kulthūm）を娶ったことによく表れている。

ウスマーンは、預言者ムハンマドに神から 23 年間にわたって下された啓示を聖典化した人物である。クルアーンはキターブ（al-kitāb：本）とも呼ばれるが、啓示として下されたクルアーンは地上では、本来は確りとまとまっていたわけではなかった。それを本にして唯一の聖典としたのがウスマーンである〈p. 110 参照〉。クルアーンの聖典化は、イスラームの分裂を防ぎ、イスラーム共同体の統一に大きな役割を果たした。

❁第４代正統カリフ・シーア派初代イマーム、アリー（ʻAlī）　人名 ʻAlī（アリー）は、特に、第４代正統カリフとなったアリー（ʻAlī ibn Abū Ṭālib、生年 600？、在位 656-661）にあやかって人気のある名前となっている。アリーは、ムハンマドがアリーの父アブドゥ=ル=ムッタリブの養子となって自分の家で生活するようになるとムハンマドを兄のように慕って成長したとされる。といってもアリーと預言者ムハンマドとの歳の差は 30 歳ほどなので、親子ほどの違いがある。預言者ムハンマドが啓示を伝えだしたころのアリーは 10 歳ほどだった。

アリーは早くから預言者ムハンマドを継ぐ人物と考えられていた。しかし、若かったことや、支族間の力関係などでそれがかなわず、ウマイヤ家出身の第３代カリフ、ウスマーンが暗殺された後、やっとカリフに推挙されるのである。

ところが、ウスマーンを暗殺した人たちの支持を得たアリーに対してはウマイヤ家の反発が強かった。また、アリーが第４代正統カリフに就任するに関してはアーイシャの強い反対を受ける〈p. 108参照〉。この対立は間もなくより大きな対立、すなわち、ムハンマドと血筋が最も近い家系であるハーシム支族と傍系のウマイヤ支族の対立となり、今日まで続くスンニー派とシーア派の対立となっていくのである。

スンニー(Sunnī) 派は、預言者ムハンマドの後継者（カリフ）はイスラーム共同体（umma）の合議によって選ばれるべきで世襲とすべきではないと考える。そしてそのような合議によって選ばれたカリフを「正統カリフ」と呼び、初代アブー=バクルから第４代アリーまでを指す。スンニー派のSunnīとは、イスラームでいうsunna（スンナ：預言者ムハンマドの言行録に基づく慣行）のニスバである。その言行録集のひとつに「ウンマは誤りにおいて一致することはない」(イブン=マージャ編）とあり、これを根拠にウンマが一致することは正しいと解釈された。

一方、シーア派のShī'aとは、「派」という意味であり、その派とは「アリー派」(Shī'a 'Alī) の略である。シーア派ではカリフは預言者ムハンマドの家系から選ぶべきであるとする。そして、アリーを初代後継者であるとし、アリーをスンニー派が使うカリフと呼ばずに、初代イマーム（imām）と呼んでいる。預言者ムハンマドの後継者をめぐるこの考え方の相違がスンニー派とシーア派との対立の淵源である。その後スンニー派とシーア派の対立は、次第に教義的・民族的要素が加わってアラブ民族対ペルシャ民族の対立という様相を見せるようになり、今日でも抜き差しならないほど根深いものとなっている。

しかし、アリーは、イスラームの揺籃期にしっかりと預言者ムハンマドを支えたことや幾多の戦役で見せた勇敢さによって今日でも全ムスリムに敬愛されている。預言者ムハンマドは、アリーは自分にとってムーサーに対するハールーンのようなものだ、と語ったと伝えられる。アリーのクンヤは Abū al-Ḥasan（アブ=ル=ハサン）であり、ラカブは Asad Allāh（アサドゥ=ッラー：神の獅子）である。

ʻAlī は「高い、崇高な」という意味である。同根の男性名には ʻAlāʼ（アラー：高さ、崇高)、女性名 ʻAlyāʼ（アリヤー：高い、崇高な）などがある。なお、al-ʻAlī（アル=アリー：崇高なる者）は神の美称の１つである。

『千夜一夜物語』の「アリババと 40 人の盗賊」のアリババはアラビア語では ʻAlī Bābā（アリー・バーバー）である。Bābā はペルシャ語の親愛・敬愛表現 bābā（父さん）に由来する。アラビア語でも幼児が父親を呼ぶ時に用いられ、正式な言葉 abū（父）に対応する言葉である。

「アリババと 40 人の盗賊」のアリババはペルシャの東北部ホラーサーン地方に住む貧しい男で、山で木を切ってきては薪として市場で売るという生活をしている。この正直で貧しい男が盗賊団の「開けゴマ」という魔法の言葉を聞き、財宝を手に入れて大金持ちになり、めでたし、めでたしとなる。この愛すべき男の名前 ʻAlī Bābā を訳せば「アリー父さん」となる。イスラーム圏の神秘主義的傾向が強い地域では、年配の指導者（Shaykh：シャイフ）に対する尊称として Bābā が用いられる。

Appendix

Appendix Ⅰ：イスラーム人名を紐解く基礎アラビア語

1．アラビア語の基本中の基本
2．語根から作られる単語
3．女性名の作り方
4．愛称や呼びかけ

Appendix Ⅱ：神の美称 99

Appendix Ⅲ：イスラームにおける預言者の系譜

Appendix Ⅳ：お家の人びとの系譜

Appendix Ⅰ：イスラーム人名を紐解く基礎アラビア語

1．アラビア語の基本中の基本

神に選ばれたアラビア語

アラビア語は、アフロ・アジア語族のセム語派に属し、ギリシャ語、ラテン語、ゲルマン諸語、ケルト諸語、スラブ諸語などが属する印欧語族とは系統が異なる言語である。セム語派には、アラビア語のほか、ヘブライ語、アラム語、古代バビロニアで使われ、楔形文字で記されたアッカド語、さらにアフリカはエチオピアで話されるアムハラ語などが含まれる。ヘブライ語はユダヤ教の典礼言語で、イスラエルで話されている。アラム語は、古代西アジア（パルミラなど古代商業都市やペルシャ帝国）の共通語であり、イエス・キリストの母語でもあった。現代では中東のキリスト教徒マイノリティによって話されている。

アラビア語は、元来はアラビア半島の中部からシリアにかけて話されていたにすぎなかった。それが、アッラーが預言者ムハンマドに啓示（すなわちクルアーン）を伝えるための言語として選ばれた（Q12：2、41：44など）ことで「イスラームの言語」となり、高度な宗教的概念・思考・倫理観を内包する国際言語として発展していった。

イスラーム世界は非アラブ地域も広く包含しており、そこでは、元来はアラビア語と大きく異なる系統の言語が話されている。そのような地域で、アラビア語は、ヨーロッパ諸言語におけるラテン語のように、宗教、政治、通商、文学を通じて浸透していった。特に人名に関しては伝統的に宗教色が強く、非アラビア語を話す地域でも、ムスリムの間ではアラビア語起源の名前が一般的である。

ただ、アラビア語は一枚岩というわけではない。アラブ世界では地域ごとに多様なアラビア語方言が話されており、シリア人とモロッコ人がそれぞれの方言を話しても通じにくい。これに対して、クルアーンのアラビア語は「古典アラビア語」と呼ばれ、イスラーム世界全域で典礼言語として使われている。アラブ世界では、それを現代社会のニーズに合わせて発展させた「標準アラビア語」が学校教育、テレビやラジオなどの公共放送、新聞などで使われている。これら２つの書き言葉としてのアラビア語は、総称して「正則アラビア語」と呼ばれており、その差違は大きくない。この正則アラビア語がアラブ人の連帯感を支える共通語として機能するわけである。

ここでは、イスラーム人名の「意味」ではなく、文法的な「つくり」に注目する。また、人名の大まかなイメージを理解していただくために必要な文法に限って解説する。このため、やや不正確になっている部分があることを容赦いただきたい。

アラビア語の文字・発音とラテン文字転写

アラビア語は、アラビア文字によって表記される。近頃では日本でも目にすることが多くなってきた。アラビア文字は、歴史的にはギリシャ文字やラテン文字と同じく、古代地中海で用いられたフェニキア文字にさかのぼることができる。実は日本の寺院で見られる梵字（卒塔婆などに記されているインド系文字）も同じ系統の文字である。しかし、アラビア文字には仮名文字やラテン文字と大きく異なる点が３つある。すなわち、１．アラビア語では基本的には子音しか書かれないこと、２．右から左に書くこと、３．筆記体のように続け書きをするため、単語のはじめと真ん中と終わりで形が違うこと、である。

こういったアラビア文字の持つ性質は日本人には理解しがたいが、具体的な例を見ればそれほど難しくはない。わかりやすい例として、ハサン（Ḥasan）とフサイン（Ḥusayn）を見てみよう。子音だけを抜き出すとハサンはḤSN、フサインはḤSYNとなるはずである。これらの子音に対応するアラビア文字（下の表を参照）を右から左に並べるとハサンは حسن、フサインは حسين となる。

下の表にあるように、アラビア語には、ʼやʻ、下点の付いたḍ、ḥ、ṣ、ṭ、ẓで転写される特徴的な子音がある。こうした子音は世界の多くの言語、例えば英語、フランス語、ドイツ語をはじめ、トルコ語、インドネシア語、マレー語などには存在しないため、アラビア語を取り入れる際にはʼやʻは無視され、ḍ、ḥ、ṣ、ṭ、ẓは普通のd、h、s、t、zと発音上も表記上も区別されないことが多い。同様にペルシャ語にもこれらの子音は存在しないが、ペルシャ語はアラビア文字で表記されるため、本来のアラビア語綴りが維持されることが多く、したがってペルシャ語のラテン文字転写でも上記の文字が使われる。

独立形	名前	音価	接続形			発音のしかた
			語頭	語中	語末	
ا	ʼalif アリフ	（ʼ）	ا	ـا	ـا	発音なし ＊母音符号を伴って、ア行の（仮想的な）子音がわりになるなど、綴字上の必要に応じて用いられる文字
ب	bāʼ バー	b	بـ	ـبـ	ـب	英語のbと同じ

ت	tā' ター	t	تـ	ـتـ	ـت	英語の t と同じ
ث	thā' サー	th	ثـ	ـثـ	ـث	英語の thing の th と同じ
ج	jīm ジーム	j	جـ	ـجـ	ـج	英語の j と同じ
ح	ḥā' ハー	ḥ	حـ	ـحـ	ـح	咽頭を使って出す h のような音
خ	khā' ハー	kh	خـ	ـخـ	ـخ	ドイツ語の buch（本）の ch
د	dāl ダール	d	د	ـد	ـد	英語の d と同じ
ذ	dhāl ザール	dh	ذ	ـذ	ـذ	英語の this の th と同じ
ر	rā' ラー	r	ر	ـر	ـر	巻き舌の r（スペイン語の r に近い）
ز	zāy ザーイ	z	ز	ـز	ـز	英語の z と同じ
س	sīn スィーン	s	سـ	ـسـ	ـس	英語の s と同じ
ش	shīn シーン	sh	شـ	ـشـ	ـش	英語の sh と同じ
ص	ṣād サード	ṣ	صـ	ـصـ	ـص	舌の奥を喉の方に寄せながら発音する s
ض	ḍād ダード	ḍ	ضـ	ـضـ	ـض	舌の奥を喉の方に寄せながら発音する d
ط	ṭā' ター	ṭ	طـ	ـطـ	ـط	舌の奥を喉の方に寄せながら発音する t
ظ	ẓā' ザー	ẓ	ظـ	ـظـ	ـظ	舌の奥を喉の方に寄せながら発音する z
ع	ʻayn アイン	ʻ	عـ	ـعـ	ـع	喉の奥から出すアのような発音をする。

غ	ghayn ガイン	gh	غـ	ـغـ	ـغ	フランス語のrのような音
ف	fā’ ファー	f	فـ	ـفـ	ـف	英語のfと同じ音
ق	qāf カーフ	q	قـ	ـقـ	ـق	英語のkを口の奥の方で発音する。
ك	kāf カーフ	k	كـ	ـكـ	ـك	英語のkと同じ音
ل	lām ラーム	l	لـ	ـلـ	ـل	英語のlと同じ音
م	mīm ミーム	m	مـ	ـمـ	ـم	英語のmと同じ音
ن	nūn ヌーン	n	نـ	ـنـ	ـن	英語のnと同じ音
ه	hā’ ハー	h	هـ	ـهـ	ـه	英語のhと同じ音
و	wāw ワーウ	w	و	ـو	ـو	英語のwと同じ音
ي	yā’ ヤー	y	يـ	ـيـ	ـي	英語のyと同じ音
ء	hamza ハムザ	’				声門を完全に閉じた後に急に開けて発音する。綴字上の必要に応じて、アリフ、ワーウ、ヤーと組み合わせて用いられる。
ة	tā’ marbūṭa ター・マルブータ	t / h			ـة	一部の女性名詞の語尾を表記するのに使われる。文法上の必要に応じて発音される。

定冠詞 al の表記と発音（太陽文字と月文字）

今日では英語となっている alcohol（アルコール）や algebra（代数）などの al は、元来はアラビア語の定冠詞 al（アル）である。この al は英語の the にあたる。alcohol はアラビア語の al-kuḥl（まぶたに塗る黒い粉）、algebra はアラビア語 al-jabr（再結合）が語源である。

アラビア語の al は、英語の定冠詞 the と同じように名詞の特性を表すが、ただ、英語よりも少し使用範囲が広い。例えば、Ḥasan（ハサン）とか Ḥusayn（フサイン）という名の人は多いが、預言者ムハンマドの娘のファーティマとアリー（第 4 代正統カリフ、シーア派初代イマーム）の息子たちを指す場合は、一般的に定冠詞 al をつけて al-Ḥasan（アル=ハサン）とか al-Ḥusayn（アル=フサイン）となる〈p. 116 参照〉。

ここで気をつけたいのは、定冠詞 al の l が特定の子音の前では、その子音に同化することである。アラビア語学では、その変化をもたらす子音文字（t、th、d、dh、r、z、s、sh、ṣ、ḍ、ṭ、ẓ、l、n）を「太陽文字」と呼び、変化しない子音文字（'、b、j、ḥ、kh、'、gh、f、q、k、m、h、w、y）を「月文字」と言う。例えば、「月」を表す al-qamar はアル=カマルのままなのに対して、「太陽」を表す al-shams は、アッ=シャムス（ash-shams）と発音される。

本書においては、「al-shams（アッ=シャムス）」のように、ラテン字表記の場合はアラビア語表記に近いものにし、カタカナ表記は実際の発音に近いものにしている。神の 99 の美称〈Appendix II 参照〉には、下記のような太陽文字の格好の例がある。

al-Raḥmān → ar-Raḥmān（アッ=ラフマーン：慈悲深き者）

al-Salām → as-Salām（アッ=サラーム：平和なる者）

al-Shahīd → ash-Shahīd（アッ=シャヒード：目撃者、証人）

al-Ẓāhir → aẓ-Ẓāhir（アッ=ザーヒル：明らかなる者）
al-Nūr → an-Nūr（アン=ヌール：光）

イダーファ構造「AのB」

アラビア語では「AのB」というときには、単に「B・A」と名詞を並置する。この後置修飾構造は「イダーファ構造」という名前で呼ばれる。アラビア語の人名には、ibn ～（イブン～：～の息子）、Abū ～（アブー～：～の父）、ʻAbd ～（アブドゥ～：～の僕）、～ al-dīn（～ッ=ディーン：宗教の～）という要素を持つ例がたくさんあるが、これらもイダーファ構造の例である。

上記ʻAbd ～（アブド～：～の僕（しもべ））は神の美称につけて個人名として使うのが基本である。この時、神の美称につく定冠詞 al は l が続く音に同化して変化するだけでなく、a が発音上省略される。つまり、この時は al の元来の発音はあとかたもなくなり、「ッ」とか「ン」だけになってしまう。下記はその例である。

ʻAbd al-Raḥmān（アブドゥ=ッ=ラフマーン：慈悲深き者の僕）
ʻAbd al-Salām（アブドゥ=ッ=サラーム：平和なる者の僕）
ʻAbd al-Shahīd（アブドゥ=ッ=シャヒード：目撃者の僕）
ʻAbd al-Ẓāhir（アブドゥ=ッ=ザーヒル：明らかなる者の僕）
ʻAbd al-Nūr（アブドゥ=ン=ヌール：光の僕）

2．語根から作られる単語

アラビア語の語形成で読み解く人名

アラビア語やヘブライ語のようなセム語派の言語は、日本語や西欧の諸言語とは異なる「子音語根」という構造を持つ。例えば、K-T-B（書く）という３つの子音からなる語根を母音のパターンに当てはめることで、KaTaBa（彼は書いた）、yaKTuBu（彼は書く）、KāTiB（書記）、KiTāB（本）、maKTaBa（図書館）などの単語が派生する。ここでは、アラビア語文法のうち、特に人名を理解するのに最低限必要な知識をまとめる。

語根（ルート）は基本的に子音３つからなり、本書では√の記号で示す（√KTB：書く）。この３つの子音を様々な母音のパターンに当てはめると、アラビア語の形容詞、名詞、能動分詞、受動分詞などの単語が作られるわけである。

アラビア語の人名には、√ḤMD（賞賛する）という語根がよく見られる。それをそれぞれの語形成パターンに当てはめると、次のようにたくさんの単語が作られ、その多くが人名として使われる。アラビア語では名詞と形容詞はさほど区別されないことから、人名には名詞だけでなく形容詞や分詞（要するに動詞の形容詞形）が使われることが多い。以下のCは子音（consonant）を表す。

形容詞形 CaCīC：　Ḥamīd（ハミード：賞賛すべき）
能動分詞形 CāCiC：　Ḥāmid（ハーミド：賞賛する〔者〕）
受動分詞形 maCCūC：Maḥmūd（マフムード：賞賛される〔者〕）
形容詞比較形 aCCaC：Aḥmad（アフマド：より賞賛すべき）
形容詞強調形 CaCūC：Ḥamūd（ハムード：大いに賞賛すべき）
名詞形 CaCaC：　Ḥamad（ハマド：賞賛する者）

上記のパターンに従ってもう１例、人名によく使われる典型的な語根√SʻD「幸せ」を使って例を示してみよう。１つの語根からすべての語形が形成されるわけではない。例えばこの語根からは、能動分詞形のSāʻidという人名は作られない。

形容詞形 CaCīC：　Saʻīd（サイード：幸せな）

受動分詞形 maCCūC： Masʿūd（マスウード：幸せにされる〔者〕）
形容詞比較形 aCCaC：Asʿad（アスアド：より幸せな）
形容詞強調形 CaCūC：Saʿūd（サウード：とても幸せな）
名詞形 CaCC/CaCaC： Saʿd（サウド：幸運）/
Saʿad（サアド：幸運者）

それでは次に、アラビア語文法（特に形容詞や名詞、分詞の作り方）を簡単に紹介しながら、どのように子音語根から人名が作られているかを見てみよう。

形容詞形とその変化形

アラビア語の形容詞の基本形は CaCīC である。形容詞には価値判断を表す言葉が多く、そのまま人名としても用いられる。日本語でも「賢明」とか「高貴」といった名前はよく見られるが、その感覚は両言語で共通している。

語根	形容詞
√ḤKM（裁き）	Ḥakīm（ハキーム：賢明な）
√JML（美）	Jamīl（ジャミール：美しい）
√NBL（高名）	*Nabīl（ナビール：高名な、高貴な）
√ShRF（高貴）	*Sharīf（シャリーフ：高貴な）
√ʿLW、√ʿLY（高）	ʿAlī（アリー：崇高な）

*Nabīl、Sharīf ともに「高貴な」という意味を持つが、後者はより宗教的意味合いが強い。

アラビア語の形容詞には比較級にあたる形 aCCaC がある。一般に比較級は原級と比べて程度が高いとか激しいことを意味するが、とても良い評価を表すことができるため、人名としてもよく用いられる。

語根	形容詞形	比較級
√KRM	Karīm	Akram
（寛大）	（カリーム：寛大な）	（アクラム：より寛大な）
√KBR	*Kabīr	Akbar
（大）	（カビール：大きい）	（アクバル：より大きい）
√ShRF	Sharīf	Ashraf
（高貴）	（シャリーフ：高貴な）	（アシュラフ：より高貴な）
√MJD	Majīd	Amjad
（栄誉）	（マジード：栄誉ある）	（アムジャド：より栄誉ある）
√SʻD	Saʻīd	Asʻad
（幸福）	（サイード：幸福な）	（アスアド：より幸せな）

*Kabīr（大きい、リーダー）はエジプトでは人名としては使われることが少ない。しかし、インドなどでは使われている。

形容詞を抽象名詞化することもある。例えば、「美しい」に対して「美しさ」のようなものである。このとき、CaCāC という形になることが多い。

語根	形容詞	名詞形
√JML	Jamīl	Jamāl
（美）	（ジャミール：美しい）	（ジャマール：美しさ）
√FRD	Farīd	Farād
（稀）	（ファリード：唯一の）	（ファラード：唯一）
√NBL	Nabīl	Nabāl
（高貴）	（ナビール：高貴な）	（ナバール：珠玉）
√SLM	Salīm	Salām
（平安）	（サリーム：平安な）	（サラーム：平安）

√KML　*Kamīl　Kamāl
（完全）（カミール：完全な）（カマール：完全）

*Kamīl は、エジプトでは名前としては珍しい。

動詞の活用とその変化形

アラビア語の動詞は複雑な活用を持ち、動詞には主語人称が必ず含められる。先ほどの例に見たように kataba「彼は書いた」（3人称・男性・単数・完了形）に対して ya-ktubu「彼は書く」（3人称・男性・単数・未完了形）のように、完了形（〜した）と未完了形（〜する）では母音のパターンが大きく異なる。また、未完了形は ya-（3人称・男性・単数）のように接頭辞で人称が表される。少し珍しいが、アラビア語では「彼は（すなわち神は）〜する」という活用形が人名として用いられることがある。

語根	三人称・男性・単数・未完了形
√ʻLY「高」	Yaʻlā（ヤアラー：彼は崇高である）
√ʻYSh「生」	*Yaʻīsh（ヤイーシュ：彼は生きる）
√ḤYY「生」	**Yaḥyā（ヤヒヤー：彼は命）
√ZYD「増」	Yazīd（ヤズイード：彼は増やす）

*Yaʻīsh は女性名 ʻĀʼisha と同根である。

**洗礼者ヨハネのことをアラビア語で Yaḥyā という。

動詞起源の人名に関しては、多くの場合、その意図されている主語はすなわち神（アッラー）である。同じセム語のヘブライ語起源の人名にも比較すべきものは多く、例えば、英語名 John はヘブライ語 Jōḥānn（Jō+ḥānn：主は恵み深きかな）、Elizabeth はヘブライ語 Elishebha（Eli+shebha：神は誓いなり）、が語源である。これらのヘブライ語起源の人名は「主語＋述語」という構造をもっているが、アラビア語ではこういった構造の人名はほとんど見られない。

アラビア語名のうち動詞起源のものとしては、分詞形のものが圧倒的に多い。それらは英語の現在分詞 -ing や過去分詞 -ed にあたる。

アラビア語の動詞には大きくわけて、語根動詞（3子音語根からなる最も単純な形の動詞）と、それに何らかの音が足されて作られる派生動詞とがある。次の表に挙げるように、語根動詞と派生動詞は分詞の作り方がまったく異なるため、注意が必要である。例えば、語根√BRK（祝福）、√ḤMD（讃美）√NWR（光）の語根動詞と、それぞれから派生した派生動詞の分詞は下記のようになる。（ただし、muḥammid という形は人名としては使われない。）

三人称男性単数完了形	能動分詞	受動分詞
語根動詞	CāCiC	maCCūC
例）baraka（祝福する）	例）Bārik	例）Mabrūk
例）ḥamida（讃える）	例）Ḥāmid	例）Maḥmūd
例）nāra（光る）	例）Nā'ir	例）———
派生動詞	muC...CiC	muC...CaC
例）bāraka（大いに祝福する）	例）Mubārik	例）Mubārak
例）ḥammada（大いに讃える）	例）（muḥammid）	例）Muḥammad
例）anāra（輝かす）	例）Munīr	例）Munār

アラビア語の人名には Ma... や Mu... ではじまるものが多い印象があるが、そういう名前のほとんどは、このような分詞形である。アラビア語の能動分詞は「…する〔者〕」、受動分詞は「…される〔者〕」という意味をもっており、文法的には形容詞や名詞と同じように振る舞う。以下は具体例である。

語根	語根動詞	能動分詞（CāCiC 形）
√KhLD	khalada	Khālid
（永遠）	（永続する）	（ハーリド：永遠に続く〔者〕）
√ʿDL	ʿadala	ʿĀdil
（公平）	（公平である）	（アーディル：公平である〔者〕）
√NṢR	naṣara	Nāṣir
（支）	（支える）	（ナースィル：支援する〔者〕）
√MJD	majada	Mājid
（栄光）	（栄光を与える）	（マージド：栄光を与える〔者〕）
√KRM	karima	Kārim
（寛大）	（寛大である）	（カーリム：寛大な〔者〕）

語根	語根動詞	受動分詞（maCCūC 形）
√NṢR	naṣara	Manṣūr
（援助）	（援助する）	（マンスール：援助される〔者〕）
√ḤMD	ḥamida	Maḥmūd
（賞賛）	（賞賛する）	（マフムード：賞賛される〔者〕）
√ḤFẒ	ḥafiẓa	Maḥfūẓ
（保護）	（保護する）	（マフフーズ：保護される〔者〕）
√SʿD	saʿida	Masʿūd
（幸福）	（幸せである）	（マスウード：幸せにされる〔者〕）
√ʾMN	amuna	Maʾmūn
（信頼）	（頼りになる）	（マムーン：信頼される〔者〕）

語根	派生動詞	受動分詞（muC...CaC 形）
√ḤMD	ḥammada	Muḥammad
（賞賛）	（大賞賛する）	（ムハンマド：大賞賛された〔者〕）

√ʿBD	ʿabbada	Muʿabbad
（奴隷）	（奴隷にする）	（ムアッバド：奴隷にされた〔者〕）
√ʿYD	ʿayyada	Muʿayyad
（祝祭）	（祝う）	（ムアイヤド：祝われた〔者〕）
√SLM	sallama	Musallam
（健全）	（健全にする）	（ムサッラム：健全にされた〔者〕）
√KRM	karrama	Mukarram
（栄誉）	（栄誉を与える）	（ムカッラム：栄誉を与えられた〔者〕）

語根	派生動詞	能動分詞（muC...CiC 形）
√NWR	anāra	Munīr
（輝）	（輝かす）	（ムニール：輝く〔者〕）
√ʿZZ	aʿazza	Muʿizz
（強）	（強くする）	（ムイッズ：強くする〔者〕）
√’MN	āmana	Mu’min
（信）	（信じる）	（ムミン：信じる〔者〕）
√BD’	abda’a	Mubdi’
（始）	（始める）	（ムブディ：始める〔者〕）
√ḤYY	aḥyā	Muḥyī
（生）	（生を授ける）	（ムフイー：生を授ける〔者〕）

強調形（大いに～する者と何回も～する者）

能動分詞に近いが、強調的な意味を持つ名詞形が２種類ある。１つは単に１回だけ「大いに…する者」を表す CaCūC という形であり、神の 99 の美称に多い。もう１つは「（一生涯かけて）数限りなく…する者」を表す CaCCāC という形であり、神の美称として使われるとともに職業名として使われることが多い。

強調形 CaCūC（神の美称）

語根	能動分詞	強調形容詞
√GhFR	Ghāfir	Ghafūr
（赦）	（ガーフィル：赦す〔者〕）	（ガフール：すべてを赦す〔者〕）
√ShKR	Shākir	Shakūr
（感謝）	（シャーキル：感謝する〔者〕）	（シャクール：大いに感謝する〔者〕）
√ṢBR	Ṣābir	Ṣabūr
（忍耐）	（サービル：忍耐する〔者〕）	（サブール：大いに忍耐する〔者〕）
√WDD	wādd	Wadūd
（愛）	（愛する〔者〕）	（ワドゥード：大いに愛する〔者〕）
√R'F	Rā'if	Ra'ūf
（慈悲）	（ラーイフ：慈悲を与える〔者〕）	（ラウーフ：大いに慈悲深い〔者〕）

強調形 CaCCāC（神の美称）

語根	動詞	強調形名詞
√JBR	jabara	Jabbār
（力）	（力を発揮する）	（ジャッバール：全能者）
√GhFR	ghafara	Ghaffār
（赦）	（赦す）	（ガッファール：赦す者）
√WHB	wahaba	Wahhāb
（与）	（与える）	（ワッハーブ：与える者）
√RZQ	razaqa	Razzāq
（養）	（糧を与える）	（ラッザーク：糧を与える者）
√QHR	qahara	Qahhār
（征）	（征服する）	（カッハール：征服する者）
√FTḤ	fataḥa	Fattāḥ
（開）	（開く）	（ファッターフ：開く者）

強調形 CaCCāC（人名として使われる職業名詞など）

語根	動詞	職業名
√KhYṬ	khāṭa	Khayyāṭ
（裁縫）	（縫う）	（ハイヤート：仕立屋）
√FLḤ	falaḥa	Fallāḥ
（耕）	（耕す）	（ファッラーフ：農夫）
√ṢBGh	ṣabagha	Ṣabbāgh
（染）	（染める）	（サッバーグ：紺屋）
√ṢYD	ṣāda	Ṣayyād
（猟）	（漁をする）	（サイヤード：漁師・猟師）
√SMK	samaka	Sammāk
（魚）	（魚を売る）	（サンマーク：魚売り）
√KhBZ	khabaza	Khabbāz
（焼）	（パンを焼く）	（ハッバーズ：パン屋）
√ḤDD	ḥadda	Ḥaddād
（鉄）	（鍛える）	（ハッダード：鉄職人）

3．女性名の作り方

女性名（詞）の特徴

アラビア語の人名に関しては男女ともに使えるものは比較的少ない。下記の例はその少ない例を集めたものである。

Nūr（ヌール：光）　Badr（バドゥル：満月）

Ṣafā'（サファー：純粋、誠実）　'Iṣmat（イスマト：誤ることのない）

*Jinān（ジナーン：楽園）　Amal（アマル：希望）

*Jinān は Janna の複数形である。

こうした名前が少ないのは、アラビア語には、フランス語やスペイン語などに見られるのと同様、男性形と女性形の区別があり、男性形は男性の名前に、女性形は女性の名前に用いられる傾向があるためである。

アラビア語の女性名詞の多くは -a や -ā、-ā' などの語尾を持つ。Khalīfa（ハリーファ：後継者）や 'Usāma（ウサーマ：獅子）、Bahā'（バハー：崇高、栄光）のようにこれらの語尾を持つ男性名詞もあるが、これらはかなり例外的である。語尾に -ā や -ā' を持つ女性名詞のうち、女性名としてよく用いられるものには、次のようなものがある。

-ā で終わる女性名	-ā' で終わる女性名
Salmā（サルマー：安全な）	'Alyā'（アリヤー：高位、崇高さ）
Fadwā（ファドゥワー：贖罪）	Thanā'（サナー：賞賛、感謝）
Laylā（ライラー：夜）	Tharā'（サラー：富）
Salwā（サルワー：安堵）	Du'ā'（ドゥアー：祈り）
Arwā（アルワー：雌シロイワヤギ）	Isrā'（イスラー：夜の旅）
Munā（ムナー：希望）	Ḥanā'（ハナー：至福）

逆に、以下のように典型的な女性語尾を持たない女性名詞も少なからずあり、これらも女性名として用いられる。

Lu'lu'（ルル：真珠）　Almās（アルマース：ダイヤモンド）
Dhahab（ザハブ：金）　Widād（ウィダード：愛、友情）
'Abīr（アビール：香り）　'Afāf（アファーフ：貞節な）
Hayām（ハヤーム：愛に夢中な）　Ṭarūb（タルーブ：快活な）
Arūb（アルーブ：夫に愛情豊かな）　Marām（マラーム：憧れ）

形容詞を女性名詞にするときには語尾を -a にする。下記の形容詞が意味する資質は男女の区別なしに求められるものである。

男性名	女性名	意味
Salīm（サリーム）	Salīma（サリーマ）	「平和な、健全な」
Jamīl（ジャミール）	Jamīla（ジャミーラ）	「美しい」
Raḥīm（ラヒーム）	Raḥīma（ラヒーマ）	「慈悲深い」
Amīn（アミーン）	Amīna（アミーナ）	「正直な」
Karīm（カリーム）	Karīma（カリーマ）	「高貴な」
Ḥabīb（ハビーブ）	Ḥabība（ハビーバ）	「愛しい」
Farīd（ファリード）	Farīda（ファリーダ）	「かけがえのない」
ʻAzīz（アジーズ）	ʻAzīza（アジーザ）	「高貴な、愛しい」
Najīb（ナジーブ）	Najība（ナジーバ）	「高貴な」
Rashīd（ラシード）	Rashīda（ラシーダ）	「敬虔な」

なお、分詞も形容詞と同じ文法的振る舞いをするため、女性名になる場合は、同様に語尾は -a となる。

男性名	女性名	意味
Ṭāhir（ターヒル）	Ṭāhira（ターヒラ）	「純潔なる者」
Kāmil（カーミル）	Kāmila（カーミラ）	「完全なる者」
Fāḍil（ファーディル）	Fāḍila（ファーディラ）	「高徳な者」
ʻĀṭif（アーティフ）	ʻĀṭifa（アーティファ）	「思いやりのある者」
Mājid（マージド）	Mājida（マージダ）	「栄光ある者」
Kārim（カーリム）	Kārima（カーリマ）	「寛大なる者」
*Fādī（ファーディー）	Fādīya(ファーディーヤ)	「救い主」
Nāʻil（ナーイル）	Nāʻila（ナーイラ）	「勝利者」
Hādī（ハーディー）	Hādīya（ハーディーヤ）	「正しい導き手」
Masʻūd（マスウード）	Masʻūda（マスウーダ）	「幸せにされる者」

*Fādī や Fādīya はシリア、レバノン、ヨルダンなどによくある名前である。

アラビア語には、名詞に -ī（女性形は -īya）をつけて作られる一連の形容詞が存在する。このような形容詞は「ニスバ形容詞」と呼ばれる。本文で述べたように〈p. 41 参照〉、ニスバは地名や部族名から造られることが多いが、単に縁起の良い名詞から造られることも多い。

Nūr（光）をニスバ形容詞にすると Nūrī（ヌーリー：光の）となり、男性名として用いられる。さらに女性語尾がついて Nūrīya（ヌーリーヤ）が生まれた。

名詞	男性名	女性名
Nūr （ヌール：光）［男・女］	Nūrī （ヌーリー）	Nūrīya （ヌーリーヤ）
Fawz （ファウズ：勝利）［女］	Fawzī （ファウジー）	Fawzīya （ファウジーヤ）
Fikr （フィクル：考え）［女］	Fikrī （フィクリー）	Fikrīya （フィクリーヤ）
Fakhr （ファフル：誇り）［女］	Fakhrī （ファフリー）	Fakhrīya （ファフリーヤ）
Khayr （ハイル：良、善）［男］	Khayrī （ハイリー）	Khayrīya （ハイリーヤ）
Shukr （シュクル：感謝）［男］	Shukrī （シュクリー）	Shukrīya （シュクリーヤ）

複数形の女性名

アラビア語の複数形には不規則なものがかなり多く、接尾辞を用いた規則的なもの（女性形語尾 -a を -āt にするなど）もあるが少数である。不思議なことに、アラビア語では物を表す名詞の複数形は女性名詞として扱われる。このため、名詞の複数形はしばしば女性名として使われる。なお、アラビア語では複数形は強調・尊敬を表すことがある。例えば、アッラーは自らのことをnaḥnu（ナフヌ：われら）で表す。一般的な挨拶では、１人の人間に向けても al–salām ʿalaykum（アッ=サラーム・アライクム：こんにちは）と言う。この挨拶は、文字通りには「あなたたちの上に平安あれ」を意味する。複数形が（女性の）人名に使われるのは、こうした強調や尊敬を表していると解釈できる。なお、不規則型複数形に対応する単数形は、人名として使われることは少ない。

単数形	–āt 型複数形（規則形）
ʿInāya（イナーヤ：保護）	ʿInāyāt（イナーヤート）
Tahīya（タヒーヤ：挨拶）	Tahīyāt（タヒーヤート）
Zīna（ズィーナ：飾り）	Zīnāt（ズィーナート）
Āya（アーヤ：〔神の〕しるし）	Āyāt（アーヤート）
Ḥasana（ハサナ：美徳）	Ḥasanāt（ハサナート）
Janna（ジャンナ：楽園）	Jannāt（ジャンナート）
*ʿAṭīya（アティーヤ：神の贈り物）	ʿAṭīyāt（アティーヤート）
Jamāla（ジャマーラ：美）	Jamālāt（ジャマーラート）

* ʿAtīya は女性名としても使われるが、男性名として使われることがほとんどである。

単数形	不規則型複数形
ḥulm（夢）	Aḥlām（アフラーム）
ism（評判、名前）	Asmāʾ（アスマー）
*Amal（希望）	Āmāl（アーマール）
fanan（枝）	Afnān（アフナーン）
urwiya（雌シロイワヤギ）	Arwā（アルワー）
umnīya（願望）	Amānī（アマーニー）

āṭifa（思いやり）　　　　　　ʻAwāṭif（アワーティフ）

*Amal は男性名としても女性名としても用いられる。

4．愛称や呼びかけ

アラビア語で名前を呼ぶ

これまでアラビア語の名前を数多く挙げてきたが、実際にこうした名前の人を呼ぶときには、どうすればよいだろうか。一番簡単な方法としては、呼びかけを表すことば yā（ヤー）をつけるというものがある。例えば、ムスタファーに呼び掛ける際には yā Muṣṭafā（ヤー・ムスタファー）となる。

しかし、親しい近隣のつき合いや近親者同士のつき合いで、年長者に対してイスム、すなわち個人名で呼ぶことは失礼にあたる。日本人同士の間でもその通りで欧米人についても程度の差こそあれよく似ており、敬称をつける必要がある。また、親しい者の間では敬称をつけず、愛称形を用いる場合も多いし、さらに家族であれば Abī（アビー：父さん）、Ummī（ウンミー：母さん）と呼びたいものである。

愛称形のさまざま

アラビア語では、様々な愛称形がある。古典的かつ代表的なものとしては、いわゆる指小形〈p. 13 参照〉（例えば英語における book「本」に対する booklet「小冊子」のような形）を用いる方法がある。アラビア語の指小形は CuCayC... という形になる（kitāb「本」→ kutayyib「小冊子」）。指小形による愛称はそれほど親しくない人に使ったり、公式の場で使ったりすると、ある種の軽視や侮蔑を感じさせることがある。預言者ムハンマドも指小形は非難目的に使うようにと信者に警告していることもあり、名前を正しく使うためにもそれらの変化形を認識しておくことが必要である。

ただし、Ḥasan（ハサン）に対するḤusayn（フサイン）は指小形ではあるが、ハサンの弟の名前として確立した別名となっている。同様に、Sulaymānも本来はSalmānの愛称形であるが、このように確立した名前となっているものが多い。

正則形	愛称形
Jamīl（ジャミール）	Jumayl（ジュマイル）
Muḥsin（ムフスィン）	Muḥaysin（ムハイスィン）
Ḥamīd（ハミード）	Ḥumayd（フマイド）
Muḥammad（ムハンマド）	Muḥaymad（ムハイマド）
Fāṭima（ファーティマ）	Fuṭayma（フタイマ）
Khadīja（ハディージャ）	Khudayja（フダイジャ）
*Abū Bakr（アブー=バクル）	Abū Bukayr（アブー=ブカイル）
**ʻAbd al-Raḥmān（アブドゥ=ッ=ラフマーン）	ʻUbayd al-Raḥmān（ウバイドゥ=ッ=ラフマーン）
*Umm Kulthūm（ウンム=クルスーム）	Umm Kulthaym（ウンム=クルサイム）

*Abū Bakrや、Umm KulthumのAbūやUmmは変化しない。

**ʻAbdはʻUbaydとなり、神の美称は変化しない。

話し言葉では、CaCCūCという正則アラビア語には見られない特別な愛称形が見られ、よく用いられる。

正則形	愛称形（口語形）
*Aḥmad（アフマド）	Aḥmūd（アフムード）／Ḥammūd（ハンムード）

**Salmān（サルマーン）	Sallūm（サッルーム）
***Ḥasan（ハサン）	Ḥassūn（ハッスーン）
****ʻAbd Allāh（アブドゥ=ッラー）	ʻAbbūd（アッブード）
Abū Bakr（アブー=バクル）	Bakkūr（バックール）
Khālid（ハーリド）	Khallūd（ハッルード）
Maryam（マルヤム）	Maryūm（マリユーム）
Amīra（アミーラ）	Ammūra（アンムーラ）
Fāṭima（ファーティマ）	Faṭṭūma（ファットゥーマ）
Samīna（サミーナ）	Sammūna（サンムーナ）
Amīna（アミーナ）	Ammūna（アンムーナ）

*Muḥammad（ムハンマド）の愛称形も Ḥammūd（ハンムード）である。

**Sulaymān の愛称形も Sallūm である。

***Ḥusayn（フサイン）の愛称形も Ḥassūn（ハッスーン）である。

****ʻAbbūd（アッブード）はʻAbd がつくどの名前にも当てはまり、これ単独で愛称となる。

さらに、家族やごく親しい親族が女児を呼ぶ場合、下記のような愛称形で呼ぶことがある。これらの愛称形はダラア（dalaʻa：〔原義〕愛撫）と呼ばれ、近現代になって特によく使われるようになったもので、やや西欧的な感覚も感じられる。下記はその一例である。

ʻĀ'isha（アーイシャ）	→	Shūshū（シューシュー）
Zaynab（ザイナブ）	→	Zūzū（ズーズー）
Amīna（アミーナ）	→	Mīmī（ミーミー）
Janā（ジャナー）	→	Jūna（ジューナ）
Laylā（ライラー）	→	Lūlū（ルールー）

Appendix Ⅱ：神の美称 99

頻度：○は ʿAbd をつけて人名としてよく使われる美称、×は人名としてあまり使われない美称

	頻度	ローマ字転写	日本語転写	意味
1	○	al-Raḥmān	アッ=ラフマーン	慈愛あまねき者
2	○	al-Raḥīm	アッ=ラヒーム	慈悲深き者
3	○	al-Malik	アル=マリク	王者
4	○	al-Quddūs	アル=クッドゥース	聖なる者
5	○	al-Salām	アッ=サラーム	平和なる者
6	○	al-Mu'min	アル=ムミン	信仰と平安を与える者
7	○	al-Muhaymin	アル=ムハイミン	守護者
8	○	al-ʿAzīz	アル=アズィーズ	威力並び無き者
9	○	al-Jabbār	アル=ジャッバール	全能者
10	○	al-Mutakabbir	アル=ムタカッビル	至尊なる者
11	○	al-Khāliq	アル=ハーリク	創造者
12	○	al-Bāri'	アル=バーリ	造化者、発展させる者
13	×	al-Muṣawwir	アル=ムサウウィル	形態を授ける者
14	○	al-Ghaffār	アル=ガッファール	赦す者
15	○	al-Qahhār	アル=カッハール	征服者
16	○	al-Wahhāb	アル=ワッハーブ	授与者
17	○	al-Razzāq	アッ=ラッザーク	糧を与える者
18	○	al-Fattāḥ	アル=ファッターフ	開示者、解決者
19	○	al-ʿAlīm	アル=アリーム	全知者
20	×	al-Qābiḍ	アル=カービド	掌握者
21	○	al-Bāsiṭ	アル=バースィト	心を開く者
22	×	al-Khāfiḍ	アル=ハーフィド	低める者
23	○	al-Rāfiʿ	アッ=ラーフィ	高める者

24	○	al-Muʿizz	アル=ムイッズ	栄誉を強化する者
25	×	al-Mudhill	アル=ムズィッル	卑しめる者
26	○	al-Samīʿ	アッ=サミー	全聴者
27	○	al-Baṣīr	アル=バスィール	全視者
28	○	al-Ḥakam	アル=ハカム	正しく裁く者
29	○	al-ʿAdl	アル=アドゥル	公正な者
30	○	al-Laṭīf	アッ=ラティーフ	優しき者
31	○	al-Khabīr	アル=ハビール	通暁する者
32	○	al-Ḥalīm	アル=ハリーム	寛容なる者
33	○	al-ʿAẓīm	アル=アズィーム	偉大な者
34	○	al-Ghafūr	アル=ガフール	赦す者
35	○	al-Shakūr	アッ=シャクール	感謝する者
36	○	al-ʿAlī	アル=アリー	至高なる者
37	×	al-Kabīr	アル=カビール	至大なる者
38	○	al-Ḥafīẓ	アル=ハフィーズ	保持者
39	○	al-Muqīt	アル=ムキート	維持者
40	○	al-Ḥasīb	アル=ハスィーブ	崇敬される者、決算者
41	○	al-Jalīl	アル=ジャリール	栄光者
42	○	al-Karīm	アル=カリーム	寛大な者
43	○	al-Raqīb	アッ=ラキーブ	監視者
44	○	al-Mujīb	アル=ムジーブ	応える者
45	○	al-Wāsiʿ	アル=ワースィ	広大無限なる者
46	○	al-Ḥakīm	アル=ハーキム	英知ある者
47	○	al-Wadūd	アル=ワドゥード	愛情ある者
48	○	al-Majīd	アル=マジード	栄誉ある者
49	○	al-Bāʿith	アル=バーイス	復活を司る者
50	○	al-Shahīd	アッ=シャヒード	目撃者、証人
51	○	al-Ḥaqq	アル=ハック	真理なる者
52	○	al-Wakīl	アル=ワキール	代理者
53	○	al-Qawī	アル=カウィー	力の源泉なる者
54	×	al-Matīn	アル=マティーン	強固なる者

55	○	al-Walī	アル=ワリー	後見人
56	○	al-Ḥamīd	アル=ハミード	称賛される者
57	×	al-Muḥṣī	アル=ムフスィー	通暁者、正しい計算者
58	○	al-Mubdi'	アル=ムブディ	始める者
59	○	al-Mu'īd	アル=ムイード	再生者
60	○	al-Muḥyī	アル=ムフイー	生を授ける者
61	×	al-Mumīt	アル=ムミート	死を授ける者
62	○	al-Ḥayy	アル=ハイイ	永生者
63	○	al-Qayyūm	アル=カイユーム	自足者
64	○	al-Wājid	アル=ワージド	見つけ出す者
65	○	al-Mājid	アル=マージド	栄光ある者
66	○	al-Wāḥid	アル=ワーヒド	唯一なる者
67	○	al-Aḥad	アル=アハド	一体化する者
68	○	al-Ṣamad	アッ=サマド	自存者
69	○	al-Qādir	アル=カーディル	万能なる者
70	○	al-Muqtadir	アル=ムクタディル	威力ある者
71	×	al-Muqaddim	アル=ムカッディム	前進させる者
72	×	al-Mu'akhkhir	アル=ムアッヒル	猶予する者
73	○	al-Awwal	アル=アウワル	始原なる者
74	×	al-Ākhir	アル=アーヒル	最終なる者
75	○	al-Ẓāhir	アッ=ザーヒル	明らかなる者
76	×	al-Bāṭin	アル=バーティン	隠れている者
77	○	al-Wālī	アル=ワーリー	統治者
78	○	al-Muta'ālī	アル=ムタアーリー	超越者
79	○	al-Barr	アル=バッル	正しき者
80	○	al-Tawwāb	アッ=タウワーブ	悔悟を受け入れる者
81	×	al-Muntaqim	アル=ムンタキム	復讐者
82	×	al-'Afū	アル=アフー	赦す者
83	○	al-Ra'ūf	アッ=ラウーフ	慈悲厚き者
84	×	Mālik al-Mulk	マーリク=ル=ムルク	王権の所有者

85	×	Dhū al-Jalāl wa al-Ikrām	ズ=ル=ジャラール=ワ=ル=イクラーム	栄誉と博愛の主
86	○	al-Muqsiṭ	アル=ムクスィト	公平なる者
87	○	al-Jāmiʿ	アル=ジャーミ	召集する者
88	○	al-Ghanī	アル=ガニー	富める者
89	○	al-Mughnī	アル=ムグニー	富ませる者
90	×	al-Māniʿ	アル=マーニ	禁じる者
91	×	al-Ḍārr	アッ=ダーッル	害を与える者
92	○	al-Nāfiʿ	アン=ナーフィ	益を与える者
93	○	al-Nūr	アン=ヌール	光
94	○	al-Hādī	アル=ハーディー	導く者
95	○	al-Badīʿ	アル=バディー	独創者
96	○	al-Bāqī	アル=バーキー	永続する者
97	○	al-Wārith	アル=ワーリス	相続する者
98	○	al-Rashīd	アッ=ラシード	正しい導き手
99	○	al-Ṣabūr	アッ=サブール	忍耐する者

これらの他にal-Jamāl（アル=ジャマール：美しき者）やal-Naṣr（アン=ナスル：勝利する者）、al-Dayyān（アル=ダイヤーン：審判する者）なども神の美称と考えられることが多い。

Appendix Ⅲ：イスラームにおける預言者の系譜

＊(　) 内にはアラビア語の日本語表記と対応する聖書中の預言者の英語名を示す。

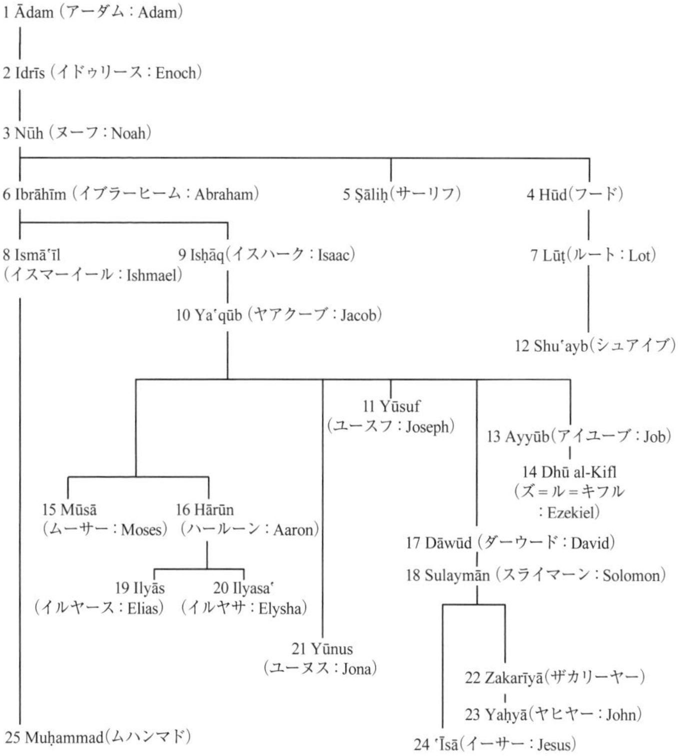

Appendix IV：お家の人びとの系譜

下記の系譜はクライシュ族およびハーシム家の系譜をごく簡単に示したものである。

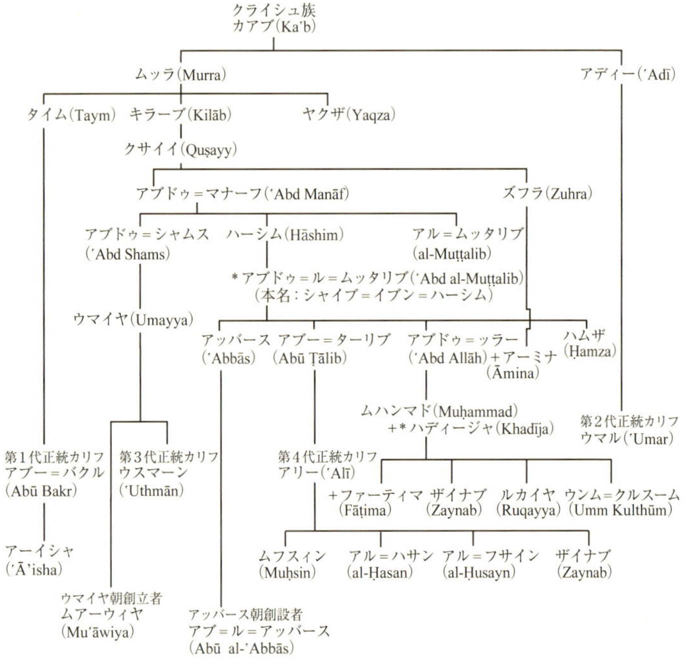

注1　ハディージャはハーシム支族に属するフワイリド（Khuwaylid）の娘 Khadīja bint Khuwaylid

注2　アブドゥ=ル=ムッタリブには10人の男児が生まれたが、上記の系譜以外に、Hārith（ハーリス）、Zubayr（ズバイル）、Muqawwim（ムカウウィム）、Ḍirār（ディラール）、Hijl（ヒジュル）の5人はイスラーム以前に他界し、系譜にあげた叔父たちのうち、Abū Ṭālib（アブー=ターリブ）はムハンマドの盾になり、イスラームの高度な宗教性を信じながらも、クライシュ族の指導者たちに対する配慮からムスリムになることを拒否した。そしてAbū Lahab（アブー=ラハブ）はイスラームの敵になった。

主要参考文献

【人名に関するもの】
田中克彦『名前と人間』岩波新書，1996.
トゥルニエ・ポール 著，小西真人・今枝美奈子 訳『なまえといのち——人格の誕生』日本 YMCA 同盟出版部，1978.
Hanks, Patrick, ed. *Dictionary of American Family Names.* Oxford: Oxford University Press, 2003.
Hanks, Patrick, and Flavia Hodges. *A Dictionary of First Names*. Oxford: Oxford University Press, 1990.
———. *A Dictionary of Surnames*. Oxford: Oxford University Press, 1992.
Muhammad Imran Ashraf Usmani. *Islamic Names.* New Delhi: Idara Isha'at-E-Diniyat (P) LTD., 2011.
Nuessel, Frank. *The Study of Names*: *A Guide to the Principles and Topics*. London: Greenwood, 1992.
Schimmel, Annemarie. *Islamic Names*. Edinbourgh: Redwood Press Limited, 1989.

【イスラーム関係全般】
アーイシャ・アブドッラハマーン 著，徳増輝子 訳『預言者の妻たち』日本ムスリム協会，1977.
赤堀雅幸 編『民衆のイスラーム——スーフィー・聖者・精霊の世界』山川出版社，2008.
余部福三『イスラーム全史』勁草書房，1991.
———『アラブとしてのスペイン』第三書館，1992.
アミン・マアルーフ 著，牟田口義郎・新川雅子 訳『アラブが見た十字軍』ちくま学芸文庫，2001.
荒井章三『ユダヤ教の誕生——「一神教」成立の謎』講談社学術文庫，2013.
井筒俊彦『イスラーム文化』岩波書店，1982.
———『マホメット』講談社学術文庫，1989.
———『イスラーム思想史』中公文庫，1991.
———『イスラーム誕生』中公文庫，2003.
伊藤俊太郎『十二世紀ルネッサンス』講談社学術文庫，2006.

イブン・ジュバイル 著，藤本勝次・池田　修 訳『イブン・ジュバイルの旅行記』講談社学術文庫，2009.
イブン・バットゥータ 著，前嶋信次 訳『三大陸周遊記抄』中公文庫，2004.
イブン・バットゥータ 著，イブン・ジュザイイ 編，家島彦一 訳『大旅行記』（1～8）（東洋文庫）平凡社，1996-2002.
大川玲子『聖典「クルアーン」の思想』講談社現代新書，2004.
大塚和夫『イスラーム的世界化時代の中で』講談社学術文庫，2015.
大塚和夫，他 編『イスラーム辞典』岩波書店，2002.
岡田明子・小林登志子『シュメル神話の世界』中公新書，2008.
片倉もとこ『イスラームの世界観――「移動文化」を考える』岩波現代文庫，2008.
樺山紘一『地中海――人と町の肖像』岩波新書，2006.
木村凌二『多神教と一神教――古代地中海世界の宗教ドラマ』岩波新書，2005.
グルニカ，J. 著，矢内義顕 訳『聖書とコーラン――どこが同じで，どこが違うか』教文館，2012.
――――『コーランの中のキリスト教』教文館，2013.
高野太輔『アラブ系譜体系の誕生と発展』山川出版社，2008.
小杉　泰『イスラームとは何か』講談社現代新書，1994.
小玉新次郎『隊商都市パルミラ』（オリエント選書13）東京新聞出版局，1985.
後藤　明『メッカ――イスラームの都市社会』中公新書，1991.
小林多加士『海のアジア史――諸文明の「世界=経済」』藤原書店，2005.
酒井啓子 編『国家・部族・アイデンティティー』（研究双書427）アジア経済研究所，1993.
佐藤次高『イスラーム――知の営み』（イスラームを知る1）山川出版社，2009.
――――『イスラームの「英雄」サラディン』講談社学術文庫，2011.
シーグフリード 著，鈴木一郎 訳『ユダヤの民と宗教――イスラエルへの道』岩波新書，1996.
嶋本隆光『シーア派イスラーム――神話と歴史』（学術選書）京都大学学術出版会，2007.
嶋本隆光監訳，伊吹寛子訳『イスラームの祭り』（イスラーム叢書5）

法政大学出版会，2002.
シャイフ・ハーレド・ベントゥネス 著，中村廣治郎 訳『スーフィズム　イスラムの心』岩波書店，2007.
鈴木紘司『預言者ムハンマド』PHP 新書，2007.
東長　靖『イスラームのとらえ方』（世界史リブレット 15）山川出版社，1996.
尚樹啓太郎『ビザンツ帝国史』東海大学出版会，1999.
中村廣治郎『イスラム教入門』岩波新書，1998.
長岡慎介『現代イスラーム金融論』名古屋大学出版会，2011.
日本イスラム協会・他 監修『新イスラム事典』平凡社，2002.
バーナード・ルイス 著，白須英子 訳『イスラーム世界の二千年——文明の十字路　中東全史』草思社，2001.
バーナード・ルイス 著，林　武，山上元孝 訳『アラブの歴史』みすず書房，1985.
羽田　正『モスクが語るイスラム史』中公新書，1994.
フィリップ・K. ヒッティ 著，岩永　博 訳『アラブの歴史』（上・下）講談社学術文庫，1982，1983.
堀内　勝『砂漠の文化——アラブ遊牧民の世界』教育社，1979.
前島信次『アラビアン・ナイトの世界』平凡社ライブラリー，1995.
前島信次・杉山英明 編『イスラムとヨーロッパ』（東洋文庫 673）平凡社，2000.
牧野信也 訳『ハディース——イスラーム伝承集成』（Ⅰ～Ⅵ）中公文庫，2001.
宮田　律『物語　イランの歴史』中公新書，2002.
———『中東イスラーム民族史——競合するアラブ，イラン，トルコ』中公新書，2006.
メアリー・ボイス 著，山本由美子 訳『ゾロアスター教 三五〇〇年の歴史』講談社学術文庫，2010.
森本一夫『聖なる家族——ムハンマド一族』（イスラームを知る 4）山川出版社，2010.
家島彦一『イスラム世界の成立と国際商業』岩波書店，1991.
———『イブン・バットゥータの世界大旅行——14 世紀イスラームの時空を生きる』平凡社新書，2003.
和辻哲郎『風土——人間学的考察』岩波文庫，1979.
Arnold, Thomas Walker. *The Preaching of Islam*. Westminster: Archibald

Constable & Co., 1896.

Nizami, Ganjavi, translated by Louis Rogers, *The Fire of Love: The Love Story of Layla and Majnun*. San Jose: Sacred Heart University, 2002.

索　引

■人名

A・ʻA

Abṭaḥī（アブタヒー）　102
Abtar（アブタル）　53
Abū（アブー）　52
Abū ʻAmmār（アブー=アンマール）　37
Abū ʻAbd Allāh（アブー=アブドゥ=ッ=ラー）　53
Abū al-Ḥakam（アブ=ル=ハカム）　55, 56
Abū al-Ḥasan（アブ=ル=ハサン）　132
Abū ʻAlī（アブー・アリー）　55
Abū al-Qāsim（アブ=ル=カースィム）　53
Abū Bakr（アブー=バクル）　54, 126, 155, 156
Abū Bukayr（アブー=ブカイル）　155
Abū Ḥafṣ（アブー=ハフス）　110
Abū Ḥasan（アブー=ハサン）　55
Abū Ḥusayn（アブー=フサイン）　55
Abū Isḥāq（アブー=イスハーク）　55
Abū Ismāʻīl（アブー=イスマーイール）　55
Abū Māzin（アブー=マーズィン）　37
Abū Ṭālib（アブー=ターリブ）　119
Ādam（アーダム）　83
Afnān（アフナーン）　153
Aḥlām（アフラーム）　153
Aḥmad（アフマド）　97, 141, 155
Aḥmūd（アフムード）　155
Aḥsan（アフサン）　116
Akbar（アクバル）　47, 143
Akhḍar（アフダル）　8
Akram（アクラム）　67, 143
al-ʻAlī（アル=アリー）　132
al-ʻAlīm（アル=アリーム）　79
al-ʻAzīz（アル=アジーズ）　75
al-Amīn（アル=アミーン）　75
al-Baghdādī（アル=バグダーディー）　44
al-Baghdādīya（アル=バグダーディーヤ）　44
al-Hādī（アル=ハーディー）　98
al-Ḥakīm（アル=ハキーム）　78
al-Ḥasan（アル=ハサン）　116, 139
al-Hāshimī（アル=ハーシミー）　43
al-Hāshimīya（アル=ハーシミーヤ）　122
al-Ḥusayn（アル=フサイン）　116, 139
al-Ḥusaynī（アル=フサイニー）　36, 43
al-Jabbār（アル=ジャッバール）　75
al-Karīm（アル=カリーム）　66
al-Khāminiʼī（アル=ハーミニイー）　45
al-Khumīnī（アル=フミーニー）　45
al-Kinānī（アル=キナーニー）　39
al-Mahdī（アル=マフディー）　98, 124
al-Makkī（アル=マッキー）　44
al-Makkīya（アル=マッキーヤ）　44
al-Malik（アル=マリク）　72
al-Muʼmin（アル=ムミン）　74
al-Muʻallim（アル=ムアッリム）　79
al-Muṣṭafā（アル=ムスタファー）　97
al-Nūr（アン=ヌール）　70, 140
al-Qudwa（アル=クドゥワ）　36, 75
al-Raḥīm（アッ=ラヒーム）　63
al-Raḥmān（アッ=ラフマーン）　63, 139
al-Rashīd（アッ=ラシード）　76
al-Riḍā（アル=リダー）　124
al-Sādāt（アッ=サーダート）　122
al-Salām（アッ=サラーム）　73, 139
al-Samīʻ（アッ=サミー）　80
al-Shahīd（アッ=シャヒード）　139
al-Shakūr（アッ=シャクール）　61
al-Ṣiddīq（アッ=スィッディーク）　127
al-Wahhāb（アル=ワッハーブ）　68
al-Ẓāhir（アッ=ザーヒル）　140

al-Zuhra（アッ=ズフラ） 115
Almās（アルマース） 150
Amal（アマル） 149, 153
Āmāl（アーマール） 153
Amānī（アマーニー） 153
Amīn（アミーン） 74, 100, 151
Amīna（アミーナ） 151, 156
Āmina（アーミナ） 74
Amīr（アミール） 100
Amīra（アミーラ） 156
Amīr al-Mu'minīn（アミール・ル=ムミニーン） 74
Amjad（アムジャド） 143
Ammūna（アンムーナ） 156
Ammūra（アンムーラ） 156
Anwar（アンワル） 71
Anwār（アンワール） 71
Arūb（アルーブ） 150
Arwā（アルワー） 16, 150, 153
As'ad（アスアド） 143
Asad al-dīn（アサドゥ=ッ=ディーン） 50
Asad Allāh（アサドゥ=ッラー） 132
Ashraf（アシュラフ） 143
Asmā'（アスマー） 153
Āya（アーヤ） 11, 153
Āyāt（アーヤート） 153
Ayyūb（アイユーブ） 90
'Ā'isha（アーイシャ） 108, 156
'Abbās（アッバース） 119
'Abbūd（アッブード） 156
'Abd al-Karīm（アブドゥ=ル=カリーム） 62
'Abd Allāh（アブドゥ=ッラー） 60, 98, 156
'Abd al-Nūr（アブドゥ=ン=ヌール） 140
'Abd al-Raḥmān（アブドゥ=ッ=ラフマーン） 36, 62, 64, 140, 155
'Abd al-Salām（アブドゥ=ッ=サラーム） 140
'Abd al-Shahīd（アブドゥ=ッ=シャヒード） 140
'Abd al-Ẓāhir（アブドゥ=ッ=ザーヒル） 140
'Abd Manāf（ブドゥ=マナーフ） 59
'Abīr（アビール） 150
'Adī（アディー） 67, 68
'Adīl（アディール） 99, 146
'Adnān（アドナーン） 89
'Aḍud al-dīn（アドゥドゥ=ッ=ディーン） 50
'Afāf（アファーフ） 150
'Alā'（アラー） 49, 51, 132
'Alā' al-dīn（アラーウ=ッ=ディーン） 49
'Alī（アリー） 49, 124, 130, 142
'Alī Bābā（アリー・バーバー） 132
'Allām（アッラーム） 79
'Alyā'（アリヤー） 132, 150
'Āmir（アーミル） 129
'Ammār（アンマール） 129
'Amr（アムル） 129
'Anān（アナーン） 6
'Arafāt（アラファート） 36
'Āṭif（アーティフ） 151
'Āṭifa（アーティファ） 151
'Aṭīya（アティーヤ） 153
'Aṭīyāt（アティーヤート） 153
'Awāṭif（アワーティフ） 153
'Azīz（アズィーズ） 99, 151
'Azīza（アジーザ） 75, 151

B

Badr（バドゥル） 12, 149
Badr al-Budūr（バドゥル=ル=ブドゥール） 12
Badr al-dīn（バドゥル=ッ=ディーン） 50
Bahār al-dīn（バハール=ッ=ディーン） 50
Bakkūr（バックール） 156
Banū Ādam（バヌー=アーダム） 39
Banū Isrā'īl（バヌー=イスラーイール） 39

Bashīr（バシール）　100
Budūr（ブドゥール）　12
D
Dāwūd（ダーウード）　92
Dhahab（ザハブ）　150
Dharr（ザッル）　6
Dīma（ディーマ）　7
Duʻā'（ドゥアー）　150
F
Fādī（ファーディー）　151
Fāḍil（ファーディル）　151
Fāḍila（ファーディラ）　151
Fādīya（ファーディーヤ）　151
Fadwā（ファドゥワー）　150
Fakhr（ファフル）　152
Fakhrī（ファフリー）　152
Fakhrīya（ファフリーヤ）　152
Fallāḥ（ファッラーフ）　149
Farīd（ファリード）　151
Farīda（ファリーダ）　151
Fārūq（ファールーク）　128
Fāṭima（ファーティマ）　115, 155, 156
Fattāḥ（ファッターフ）　148
Faṭṭūma（ファットゥーマ）　156
Fawz（ファウズ）　152
Fawzī（ファウジー）　152
Fawzīya（ファウジーヤ）　152
Fikr（フィクル）　152
Fikrī（フィクリー）　152
Fikrīya（フィクリーヤ）　152
Fuṭayma（フタイマ）　155
G
Ghadīr（ガディール）　7
Ghaffār（ガッファール）　148
Ghafūr（ガフール）　148
Ghāfir（ガーフィル）　148
Ghayth（ガイス）　7
Ghazāl（ガザール）　16
Ghazāla（ガザーラ）　16
H・Ḥ
Hādī（ハーディー）　151
Hādīya（ハーディーヤ）　151
Hāshimī（ハーシミー）　101
Hayām（ハヤーム）　150
Hiba（ヒバ）　68
Hibāt（ヒバート）　68
Hilāl（ヒラール）　12
Ḥabīb（ハビーブ）　151
Ḥabība（ハビーバ）　151
Ḥaddād（ハッダード）　149
Ḥāfiẓ（ハーフィズ）　51, 100, 110
Ḥāfiẓa（ハーフィザ）　51
Ḥafṣa（ハフサ）　109
Ḥājj（ハーッジュ）　51, 52
Ḥājja（ハーッジャ）　51
Ḥakīm（ハキーム）　79, 99, 142
Ḥamad（ハマド）　141
Ḥamīd（ハミード）　141, 155
Ḥāmid（ハーミド）　97, 141
Ḥammūd（ハンムード）　155
Ḥamūd（ハムード）　141
Ḥamza（ハムザ）　119, 120
Ḥanā（ハナー）　150
Ḥasan（ハサン）　116, 156
Ḥasana（ハサナ）　153
Ḥasanāt（ハサナート）　153
Ḥassūn（ハッスーン）　156
Ḥātim（ハーティム）　67
Ḥātim al-Ṭā'ī（ハーティム・ッ=ターイー）　67
Ḥijāzī（ヒジャージー）　101
Ḥikma（ヒクマ）　79
Ḥumayd（フマイド）　155
Ḥusām al-dīn（フサーム=ッ=ディーン）　50
Ḥusnī（フスニー）　117
I・'I
ibn Ādam（イブン=アーダム）　39
ibn al-Sāʻātī（イブン=アッ=サーアーティー）　40
ibn al-Zayyāt（イブン=アッ=ザイヤート）　40
ibn Baṭṭūṭa（イブン=バットゥータ）　40
Ibrāhīm（イブラーヒーム）　86

Idrīs（イドゥリース）　84
Ihāb（イハーブ）　68
Imām（イマーム）　51
Īmān（イーマーン）　74
Ismā'īl（イスマーイール）　87
Isrā'（イスラー）　150
'Imād al-dīn（イマードゥ=ッ=ディーン）　50
'Ināya（イナーヤ）　153
'Ināyāt（イナーヤート）　153
'Īsā（イーサー）　94
'Iṣmat（イスマト）　149
'Izz al-dīn（イッズ=ッ=ディーン）　50
J
Jabbār（ジャッバール）　76, 148
Jābir（ジャービル）　76
Jabr（ジャブル）　76
Ja'far（ジャアファル）　7
Jamāl（ジャマール）　143
Jamāl al-dīn（ジャマール=ッ=ディーン）　50
Jamāla（ジャマーラ）　153
Jamālāt（ジャマーラート）　153
Jamīl（ジャミール）　142, 143, 151, 155
Jamīla（ジャミーラ）　151
Janā（ジャナー）　9, 156
Janna（ジャンナ）　7, 153
Jannāt（ジャンナート）　7, 153
Jawwād（ジャウワード）　100
Jibrā'īl（ジブラーイール）　76
Jibrīl（ジブリール）　76
Jinān（ジナーン）　149
Jubayr（ジュバイル）　39, 76
Jumayl（ジュマイル）　155
Jūna（ジューナ）　156
K
Kabīr（カビール）　47, 143
Kabīra（カビーラ）　47
Kamāl（カマール）　144
Kamīl（カミール）　144
Kāmil（カーミル）　100, 151
Kāmila（カーミラ）　151
Karam（カラム）　67
Karīm（カリーム）　67, 99, 143, 151
Kārim（カーリム）　146, 151
Karīma（カリーマ）　67, 151
Kārima（カーリマ）　151
Khabbāz（ハッバーズ）　149
Khadīja（ハディージャ）　106, 155
Khadīja al-Kubrā（ハディージャ・アル=クブラー）　46, 107
Khaḍir（ハディル）　8
Khālid（ハーリド）　146, 156
Khalīl（ハリール）　100
Khallūd（ハルード）　156
Khayr（ハイル）　152
Khayrī（ハイリー）　152
Khayrīya（ハイリーヤ）　152
Khayyāṭ（ハイヤート）　149
Khudayja（フダイジャ）　155
Kubrā（クブラー）　47
L
Laylā（ライラー）　21, 150, 156
Leylā（レイラー）　21
Leylī（レイリー）　21
Lu'lu'（ルル）　150
Lūlū（ルールー）　156
M
Mahā（マハー）　16
Mahdī（マフディー）　98
Maḥfūẓ（マフフーズ）　146
Maḥmūd（マフムード）　71, 97, 141, 146
Majīd（マジード）　143
Mājid（マージド）　146, 151
Mājida（マージダ）　151
Majnūn（マジュヌーン）　20
Makram（マクラム）　67
Malak（マラク）　73
Mālik（マーリク）　73
Ma'mūn（マムーン）　74, 146
Manār（マナール）　71
Manṣūr（マンスール）　100, 146

Marām（マラーム） 150
Māriya（マーリヤ） 112
Maryam（マルヤム） 156
Maryūm（マリユーム） 156
Masʻūd（マスウード） 146, 151
Masʻūda（マスウーダ） 151
Mīmī（ミーミー） 156
Miṣbāḥ（ミスバーフ） 100
Muʻabbad（ムアッバド） 147
Muʻayyad（ムアイヤド） 147
Mubashshir（ムバッシル） 100
Mubdi'（ムブディ） 147
Muḍarī（ムダリー） 102
Mudhakkir（ムザッキル） 100
Muḥammad（ムハンマド） 36, 97, 146, 155
Muḥammad al-Akbar（ムハンマド・アル=アクバル） 46
Muḥammad al-Kabīr（ムハンマド・アル=カビール） 46
Muḥarram（ムハッラム） 100
Muḥaymad（ムハイマド） 155
Muḥaysin（ムハイスィン） 155
Muḥsin（ムフスィン） 117, 155
Muḥsina（ムフスィナ） 117
Muḥyī（ムフイー） 147
Mu'izz（ムイッズ） 147
Mukarram（ムカッラム） 100, 147
Mu'min（ムミン） 147
Munā（ムナー） 150
Munīr（ムニール） 71, 100
Munīra（ムニーラ） 71
Murtaḍā（ムルタダー） 100
Mūsā（ムーサー） 91
Muṣaddiq（ムサッディク） 100
Musallam（ムサッラム） 147
Muslim（ムスリム） 74
Muslima（ムスリマ） 74
Muṣṭafā（ムスタファー） 97
Muṭahhar（ムタッハル） 100
Muʻtazz（ムウタッズ） 75

N

Nabāl（ナバール） 143
Nabīl（ナビール） 142, 143
Naḍīr（ナディール） 100
Nādiya（ナーディヤ） 6
Nahla（ナフラ） 7
Nāʻil（ナーイル） 151
Nāʻila（ナーイラ） 151
Najīb（ナジーブ） 151
Najība（ナジーバ） 151
Najm（ナジュム） 12
Najm al-dīn（ナジュム=ッ=ディーン） 50
Nāṣir（ナースィル） 51, 100, 146
Nāṣir al-dīn（ナースィル=ッ=ディーン） 50
Nizārī（ニザーリー） 102
Nūr（ヌール） 70, 149, 152
Nūr al-dīn（ヌール=ッ=ディーン） 50, 70
Nūra（ヌーラ） 70
Nūrān（ヌーラーン） 70
Nūrī（ヌーリー） 152
Nūrīya（ヌーリーヤ） 70, 152

Q

Qahhār（カハール） 148
Qaḥṭān（カフターン） 89
Qamar（カマル） 11
Qamar al-din（カマル=ッ=ディーン） 11, 50
Qarashī（カラシー） 101
Qays（カイス） 21

R

Rā'if（ラーイフ） 148
Ra'ūf（ラウーフ） 99, 148
Rabāb（ラバーブ） 19
Rabāba（ラバーバ） 19
Raḥīm（ラヒーム） 99, 151
Raḥīma（ラヒーマ） 151
Rashā（ラシャー） 16
Rashād（ラシャード） 77
Rashīd（ラシード） 77, 99, 151

Rashīda（ラシーダ） 77, 151
Razzāq（ラッザーク） 148
Rezā（レザー） 124
Rīm（リーム） 16
S・Ṣ
Saffāna（サッファーナ） 67, 68
Sa'īd（サイード） 141, 143
Salām（サラーム） 143
Salīm（サリーム） 143, 151
Salīma（サリーマ） 151
Sallūm（サッルーム） 156
Salmā（サルマー） 150
Salmān（サルマーン） 93, 156
Salwā（サルワー） 150
Samīna（サミーナ） 156
Samīr（サミール） 19
Samīra（サミーラ） 19
Sammāk（サンマーク） 149
Sammūna（サンムーナ） 156
Sayyid（サイイド） 51, 100, 122
Sayyid al-Shuhadā'（サイイド・アッ=シュハダー） 118
Sayyida（サイイダ） 51
Shahrazād（シャフラザード） 18
Shākir（シャーキル） 61, 148
Shakkār（シャッカール） 61
Shakūr（シャクール） 61, 148
Shams（シャムス） 11
Shams al-dīn（シャムス=ッ=ディーン） 50
Sharīf（シャリーフ） 122, 142, 143
Shihāb（シハーブ） 12
Shukr（シュクル） 152
Shukrī（シュクリー） 61, 152
Shukrīya（シュクリーヤ） 61, 152
Shūshū（シューシュー） 156
Sirāj（スィラージュ） 100
Soraya（ソラヤ） 13
Sorayā（ソラヤー） 13
Suhayl（スハイル） 13
Suhayla（スハイラ） 13
Sulaymān（スライマーン） 93
Sulṭān（スルターン） 94
Ṣabbāgh（サッバーグ） 149
Ṣābir（サービル） 148
Ṣabūr（サブール） 148
Ṣādiq（サーディク） 100
Ṣafā'（サファー） 97, 149
Ṣafīya（サフィーヤ） 97
Ṣafwat（サフワト） 97
Ṣalāḥ（サラーフ） 51, 86
Ṣalāḥ al-dīn（サラーフ=ッ=ディーン） 48, 86
Ṣāliḥ（サーリフ） 85, 86
Ṣāliḥa（サーリハ） 86
Ṣayyād（サイヤード） 149
Ṣiddīq（スィッディーク） 47
T・Ṭ
Tahīya（タヒーヤ） 153
Tahīyāt（タヒーヤート） 153
Tawḥīd（タウヒード） 58
Tawḥīda（タウヒーダ） 58
Thanā'（サナー） 150
Tharā'（サラー） 150
Thorayā（ソラヤー） 13
Thurayyā（スライヤー） 13
Tihāmī（ティハーミー） 102
Ṭāhā（ターハー） 101
Ṭāhir（ターヒル） 151
Ṭāhira（ターヒラ） 151
Ṭāriq（ターリク） 14
Ṭarūb（タルーブ） 150
Ṭayyib（タイイブ） 100
U・'U
Umm（ウンム） 52
Umm 'Abd Allāh（ウンム=アブドゥ=ッラー） 53, 109
Umm al-Mu'minīn（ウンム=ル=ムミニーン） 109
Umm Ḥabība（ウンム=ハビーバ） 55
Umm Kulthaym（ウンム=クルサイム） 155
Umm Kulthūm（ウンム=クルスーム） 54, 155

Usāma bin Lādin（ウサーマ・ビン・ラーディン） 39
ʻUbayd al-Raḥmān（ウバイドゥ=ッ=ラフマーン） 155
ʻUmar（ウマル） 127
ʻUthmān（ウスマーン） 129
W
Wadūd（ワドゥード） 148
Wahhāb（ワッハーブ） 148
Wahīb（ワヒーブ） 68
Wahība（ワヒーバ） 68
Widād（ウィダート） 150
Y
Yaʻlā（ヤアラー） 144
Yaʻīsh（ヤイーシュ） 144
Yaḥyā（ヤヒヤー） 144
Yāsīn（ヤースィン） 101
Yāsir（ヤースィル） 37
Yazīd（ヤズイード） 144
Yūsuf（ユースフ） 89
Z
Zahrā'（ザフラー） 47
Zayd（ザイド） 111
Zayn（ザイン） 49
Zayn al- ʻĀbidīn（ザイヌ・ル=アービディーン） 124
Zayn al-dīn（ザイヌ=ッ=ディーン） 49, 50
Zaynab（ザイナブ） 29, 110, 156
Zīna（ズィーナ） 153
Zīnāt（ズィーナート） 153
Zohre（ゾフレ） 115
Zuhra（ズフラ） 115
Zulaykhā（ズライハー） 90
Zūzū（ズーズー） 156

■事項・固有名詞（太字は主要な説明のあるページ）

アーイシャ 96, 107, **108**
アーシューラー 117
アーダム 36, **83**, 87
アーミナ 74
アイユーブ 90
アイユーブ朝 91
アッバース **119**, 121
アッバース家 121
アッバース朝 120
アッラー 58-80
アディー 67
アドナーン 39, **88**
アブ=ル=アッバース 55, **120**
アブー=ジャフル **56**, 121
アブー=スィンベル 54
アブー=ターリブ 119
アブー=バクル 47, 54, 77, 108, 110, **126**
アブドゥ=ッ=ラフマーン1世 **64**, 120
アブドゥ=ッ=ラフマーン3世 64
アブドゥ=ッラー 53
アブドゥ=ッラー・アル=マームーン 65
アブドゥ=ル=ムッタリブ 130
アムル・イブン=アル=アース 129
アラウィー家 122
アラジン 49
アラファート（PLO議長） 35
アリー 7, 77, 105, 108, 112, 121, 126, **130**
アリー（ザイナブの息子） 114
アリババ 132
アル=アクサー・モスク 129
アル=カースィム 53
アル=ヒドゥル **8**, 91
アワウィー派 125
アンマール・イブン=ヤースィル 37, **38**
イーサー 9, 82, 85, **94**, 124
イードゥ・ル=アドゥハー 26
イードゥ・ル=フィトゥル 26
イシス女神 112
イスハーク 87
イスマーイール 80, **87**, 125
イスマーイール派 **123**, 124

イドゥリース　84
イフーザー　95
イブラーヒーム　80, **86**, 90, 113
イブリース　84
イブン=ジュバイル　**39**, 48, 102
イブン=バットゥータ　**40**, 51, 52, 75, 102
イマーム　**123**, 131
イムル・ル=カイス　22
ウスマーン　24, 114, 126, **129**, 131
ウバイドゥ=ッラー・アル=マフディー　98
ウマーマ　114
ウマイヤ家　121
ウマル　101, 109, 126, **127**
ウラマー　79
ウンム=サラマ　107
ウンム=ハビーバ　107
ウンム・クルスーム　**115**, 130
エルサレム　128
カアバ神殿　58, **88**
ガゼル　15
カフターン　88
カリフ　125
カルバラー　117
『カンタベリー物語』　29
キナーナ家　39
ギボン　30
クライシュ族　**24**, 42, 102
クレオパトラ　112
ゲオルギウス　92
ゴヤ　16
コルドバ　64
サーダート（エジプト大統領）　71, **123**
サーリフ　85
サイイド　104, **122**
ザイド　111
ザイナブ　107, **110**, 114
ザイナブ・ビント=ジャフシュ　111
ザイナブ・ビント=フザイマー　110
サウード家　69
サウダ　107
ザカリーヤー　80
サッファーナ　67
『サハラに舞う羽根』　99
サフィーヤ　107
サラディン　39, **48**, 71, 86, 91
サラフィー主義　105
シーア派　105, 117, 121, **123**, 131
シェヘラザード　18
ジネディーヌ・ジダン　49
ジャアファル　7
シャフリヤール　18
シャフルザード　17
シャリーフ　104, **122**
十二イマーム派　123
ジュワイリーヤ　107
スィーリーン　113
スーフィズム　68
スマイヤ　**38**, 56
ズライハー　90
スライマーン　93
スルタン　94
スレイマン・モスク　93
スレイマン１世　93
スンニー派　106, **131**
正統カリフ　126, **131**
正統カリフ時代　77
ゼノビア　29
『千夜一夜物語』　12, **17**, 43, 78, 132
ソロモン　94
ターイフ　**24**, 130
ダーウード　**92**, 95
ターリク　14
ターリバーン　119
大天使ガブリエル　76
チョーサー　29
ティクリート　45
ナサブ　38
ナツメヤシ　**9**, 28, 118
ナフル　117
ニスバ　41
ヌール=ッ=ディーン　71
ネフェルティティ　113

ハーシム　26
ハーシム家　**59**, 121
ハーティム・ッ=ターイー　**67**, 87
バートン　43
ハーフィズ　**21**, 51, 54
ハーメネ　44
ハーメネイー師　**44**, 80, 124
ハールーン　87
ハールーン・アッ=ラシード　16, 47, 65, **77**
ハウワー　36, **84**
バグダード　44
ハサン　105, **116**
ハディージャ　46, 53, **106**, 112, 113
バドゥル=ル=ブドゥール　12
バドゥルの戦い　56
ハトシェプスト女王　112
ハフサ　107, **109**
ハムサ　115
ハムザ　119, **120**
パルミラ　27
パルミラ王国　29
ヒジャーズ　101
ヒドゥル　8
ビルキース　93
ファーティマ　41, 101, 105, 112, 114, **115**, 126
ファーティマ・ッ=ザフラー　47, **115**
ファーティマ朝　**98**, 122
ファーティマの手　116
ファラオ　89
フザイマー家　111
フサイン　98, 105, 112, **116**
フセイン（イラク大統領）　45
フバル　58
ペトラ　27
ホメイニー師　**44**, 79, 124
ホメイン　44
マーリヤ　107, **112**
マイムーナ　107
マッカ　**22**, 44, 52, 88, 101
マディーナ　**24**, 101
マナーフ　58
マフムード・アッバース　120
マルヤム・ル=クブラー　115
ミナレット　71
ムアーウィヤ　117
ムーサー　82, 87, 90, **91**, 95
ムハンマド（預言者）　95-102
ムハンマド・アブドゥ=ル=ワッハーブ　68
ムハンマド・アフマド　98
ムハンマド・イブン=アル=ハサン　123
メスキータ　65
メフメット２世　12
モスク　66
ヤアクーブ　**87**, 89
ヤースィル　**37**, 56
ヤースィル・イブン=アーミル　37
ヤツガシラ　93
ヤヒヤー　80
ユースフ　75, **89**
「ライラーとマジュヌーン」　19
ラカブ　45
ラムセス２世　91
ルカイヤ　**114**, 130
『ローマ帝国衰亡史』　30
ロウハーニー(イラン大統領)　80
ワッハーブ運動　68, 105

[著者紹介]

梅田　修（うめだ・おさむ）

兵庫県明石市生まれ。流通科学大学名誉教授。京都学芸大学英文科卒業。モンタナ州立大学教育学部修士課程修了。武庫川女子大学助教授、流通科学大学教授（2012年定年）。

【著書】『英語の語彙事典』大修館書店、『英語の語源物語』大修館書店、『英語の語源事典——英語の語彙の歴史と文化』大修館書店、『世界人名ものがたり——名前でみるヨーロッパ文化』講談社現代新書、『ヨーロッパ人名語源事典』大修館書店、『地名で読むヨーロッパ』講談社現代新書、『世界人名物語——名前の中のヨーロッパ文化』講談社学術文庫、『学習者中心の教室英語』（冨岡徳太郎、竹田明彦、カレン・ウィルスン共著）大修館書店

【翻訳】ジョーゼフ・T・シップリー著『シップリー英語語源辞典』（眞方忠道、穴吹章子共訳）大修館書店

人名から読み解くイスラーム文化

NDC361 ／ x, 175p ／ 19cm

初版第1刷——2016年8月10日

著者————梅田　修

発行者————鈴木一行

発行所————株式会社 大修館書店

〒113-8541 東京都文京区湯島2-1-1

電話03-3868-2651（販売部）03-3868-2293（編集部）

振替00190-7-40504

[出版情報] http://www.taishukan.co.jp

装丁・本文デザイン————CCK

印刷所————広研印刷

製本所————ブロケード

ISBN978-4-469-21357-7 Printed in Japan